AF353782

Mouches volantes im Buddhismus

Symbole, Mythen, Lichtvisionen

Floco Tausin
Leuchtstruktur Verlag

ISBN 9783907400357

Copyright © Leuchtstruktur Verlag / Floco Tausin 2022

Druck:
ingramspark.com

Weitere Informationen zum Thema Mouches volantes:
mouches-volantes.com

Further information about the subject of eye floaters:
eye-floaters.info

Inhalt

Einführung

Mitte der 1990er Jahre begegnete ich im Schweizer Emmental einem zurückgezogen lebenden Mann namens Nestor, der einen einzigartigen und provozierenden Anspruch hat: Er sehe seit Jahren dieselbe Konstellation von riesigen leuchtenden Kugeln und Fäden, welche sich in seinem Blickfeld gebildet haben. Diese Kugeln und Fäden würden am Beginn einer durch unser Bewusstsein gebildeten feinstofflichen Struktur stehen, die wiederum unsere materielle Welt hervorbringe. Nestor, der sich als „Seher" versteht, führt seine subjektive visuelle Wahrnehmung auf seine jahrelangen Bemühungen um Bewusstseinsentwicklung zurück, welche eine entsprechende Lebensweise sowie Praktiken für die temporäre wie permanente Steigerung der Bewusstseinsintensität umfassen. Durch diese körperlichen und konzentrativen Praktiken hätten sich jene Kugeln und Fäden, die zunächst klein, weit weg und sehr beweglich gewesen seien, nun vergrössert, seien näher gekommen, hätten zu leuchten angefangen, und er könne sie nun mit seinem Blick festhalten. Dort, im Zentrum des Sehens, gebe es eine letzte Kugel, die „Quelle", in die wir Menschen beim Einschlafen und Sterben eingehen würden. Nestor ist davon überzeugt, dass wenn wir Menschen uns schon zu Lebzeiten so weit als möglich dieser letzten Kugel annähern, wir die Möglichkeit haben, mit vollem Bewusstsein in sie einzugehen – und damit den Tod zu überwinden.

Doppelmembranige Mouches-volantes-Kugeln aus der Sicht eines Sehers. Quelle: Floco Tausin.

Glaskörpertrübung oder Bewusstseinslicht?

Meine Lehrzeit bei Nestor habe ich im Buch *Mouches Volantes – Die Leuchtstruktur des Bewusstseins* (2005/2010) ausführlich beschrieben. Als ich diese Punkte und Fäden selbst zu sehen begann, stellte ich Nachforschungen darüber an. Ich fand heraus, dass dieses subjektive visuelle Phänomen nicht nur bekannt, sondern weit verbreitet war. Das gesellschaftliche Verständnis dieser Erscheinung weicht allerdings erheblich von Nestors Aussagen ab. In unserer Kultur liegt die Deutungshoheit über diese Erscheinung seit Jahrhunderten bei der Augenheilkunde. Dort sind die Punkte und Fäden unter dem Begriff „Mouches volantes" (frz. für „fliegende Mücken") bekannt. Mouches volantes sind eine entoptische, d.h. vom menschlichen Sehsystem selbst verursachte Erscheinung. In diesem Fall sind es Trübungen im Glaskörper des Auges, welche die Sicht des Patienten beeinträchtigen. Man erklärt das Phänomen dadurch, dass der Glaskörper mit zunehmendem Alter schrumpft und sich verflüssigt (Syneresis). Teile des feinen Glaskörpergerüstes aus Hyaluronsäure und Kollagen-Fibrillen verklumpen und werfen Schatten auf die Netzhaut, die als vereinzelte bewegliche Punkte und Fäden sichtbar werden. Mouches volantes gelten als harmlos. Der allgemeine ärztliche Rat lautet, sie zu ignorieren. Zur Vorsorge kann auf eine mögliche Netzhautablösung untersucht werden, was insbesondere dann notwendig ist, wenn die Mouches volantes plötzlich von grossflächigen dunklen Wolken („Russregen") und Blitzen begleitet werden.

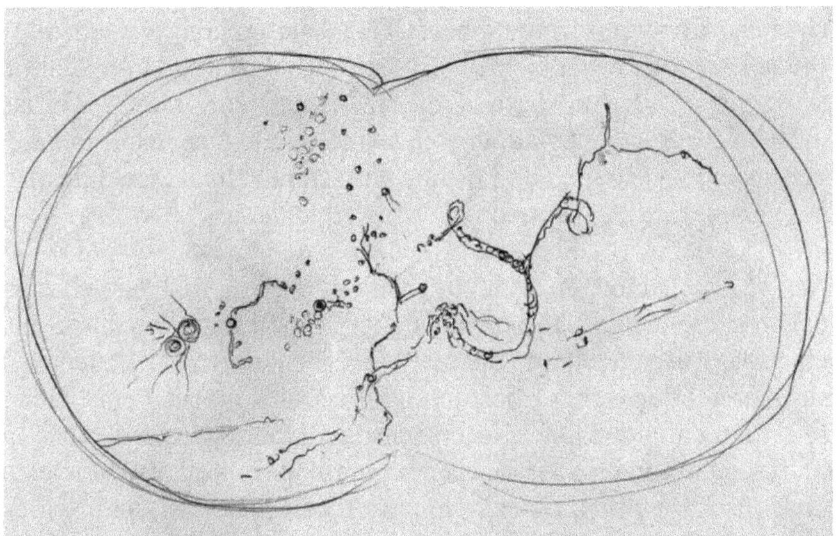

Typische Mouches volantes im Blickfeld. Quelle: Floco Tausin.

Viele Menschen können Mouches volantes sehen, wenn sie sich achten. Für die meisten sind sie lediglich eine Kuriosität, die nicht weiter stört. Es gibt aber auch Menschen, die sich durch die Punkte und Fäden in ihrer Sicht derart beeinträchtigt fühlen, dass sie chirurgische Massnahmen erwägen. Bei der Vitrektomie beispielsweise werden Teile des Glaskörpers entfernt. In der Laser-Vitreolyse hingegen wird versucht, einzelne Fäden durch kurze Laserpulse aufzulösen. Solche Behandlungen sind allerdings riskant und werden von den meisten Ärzten zur Entfernung der harmlosen Mouches volantes nicht empfohlen.

Sind Mouches volantes nun eine Glaskörpertrübung, oder sind sie Bewusstseinslicht? Nestor hat die Mouches volantes als erste Erscheinung dessen identifiziert, was er „Leuchtstruktur“ oder auch „Leuchtkugeln“ und „Leuchtfäden“ nennt und als Bewusstseinslicht versteht. Wenn er damit Recht hat, würde dies eine völlig falsche Einschätzung der Mouches volantes durch die heutige Augenheilkunde bedeuten. Wie kann das sein? Tatsache ist, dass Augenärztinnen und Augenärzte die Mouches volantes in den Augen ihrer Patienten nicht immer erkennen können. Dies trifft nicht nur für den Blick ins Auge mittels Spaltlampe zu, sondern auch für aufwändigere Methoden wie die Ultraschalluntersuchung oder die Optische Kohärenztomographie (OCT). Warum können nicht alle Mouches volantes objektiv festgestellt werden? Von ärztlicher Seite hört man zuweilen, dass manche Trübungen zu klein oder zu nahe an der Netzhaut sind, um sie festzustellen. Demnach sind die verfügbaren Methoden und Geräte einfach noch nicht leistungsfähig genug. Es gibt aber auch die Möglichkeit, dass unter dem Begriff „Mouches volantes“ verschiedene Arten von subjektiven visuellen Erscheinungen zusammengefasst werden, und dass eine davon gar keine Glaskörpertrübung ist. Auch wenn tatsächliche Glaskörpertrübungen und die ersten Erscheinungen der Leuchtstruktur auf den ersten Blick ähnlich aussehen, gibt es bei genauerer Betrachtung klare Unterschiede: Erstere werden eher als Schatten, Schlieren oder Flecken beschrieben, als etwas Dunkles und Unscharfes also. Letztere hingegen sind vereinzelte transparente oder leuchtende Punkte und Fäden mit klaren Konturen. Die Punkte enthalten einen Kern, die Fäden sind mit Punkten ausgefüllt. Erstere können objektiv festgestellt und behandelt werden, Letztere nicht – weil es sich eben nicht um Glaskörpertrübungen handelt. Ich schlage vor, die Leuchtkugeln und Leuchtfäden eher als eine Erscheinung spezieller Zustände des Sehnervensystems zu begreifen, so wie beispielsweise die entoptischen Erscheinungen der Phosphene oder der sog. Formkonstanten. Damit erscheint Nestors Behauptung nicht mehr abwegig, dass die Entwicklung von kleinen beweglichen transparenten Punkten und Fäden, den Mouches volantes, hin zur grossen stabilen Leuchtkugeln und Leuchtfäden eine Frage des Bewusstseins und seiner Entwicklung sei.

Mouches volantes. Quelle: Floco Tausin.

Auf den Spuren der Leuchtstruktur

Seit Jahren versuche ich in Theorie und Praxis nachzuvollziehen, was mich Nestor über die Leuchtstruktur gelehrt hat. Mit meinen bisherigen Erfahrungen kann ich zwar nicht alle seine Behauptungen bestätigen. Aber was ich gesehen habe, kann ich nicht mehr mit der Vorstellung einer „Glaskörpertrübung" oder der Verklumpung von Glaskörperstrukturen vereinbaren. Hingegen bin ich zur Überzeugung gelangt, dass es sich bei diesen Leuchtpunkten und Leuchtfäden tatsächlich um ein Bewusstseinsphänomen handelt, das in Leuchtkraft und Grösse intensiviert werden kann. Was das genau bedeutet und wo es hinführt – ob es in dieser Struktur beispielsweise wirklich ein Zentrum mit einem Ausgang gibt, wie Nestor sagt –, versuche ich herauszufinden.

Wenn man annimmt, dass die Leuchtstruktur eine Erscheinung des sich entwickelnden Bewusstseins sowie intensiverer Bewusstseinszustände ist, dann stellt sich gleich die nächste Frage: Wie kommt es, dass wir davon nichts wissen? Die Bemühung um grössere Klarheit des Bewusstseins und die Arbeit mit veränderten Bewusstseinszuständen ist schliesslich eine zutiefst menschliche Angelegenheit, die sich bis in die Anfänge unserer Spezies zurückverfolgen und in allen Kulturen feststellen lässt. Wo und wann immer Menschen sich um grössere Bewusstseinsklarheit bemüht haben, hätten sie doch ab einem bestimmten Punkt die Leuchtstruktur und andere entoptische Erscheinungen sehen müssen. Und wenn sie die Leuchtstruktur als spirituell bedeutsam erkannt haben, müssten die Geschichten und Bilder, die sie weitergegeben haben, in irgendeiner Weise davon berichten. Die Leuchtkugeln und Leuchtfäden müssten also in vielen kulturellen Traditionen in der einen oder anderen Form zu finden sein.

Nestor war stets davon überzeugt, dass es sich so verhält. Und er fand auch immer wieder Beispiele wie bestimmte Motive aus der Kunst anderer oder früherer Kulturen, die den Leuchtkugeln oder Leuchtfäden glichen, und die er für eine Darstellung der Leuchtstruktur hielt. Gleichzeitig liess er nie einen Zweifel daran, dass die Anforderungen sehr hoch sind, eine Seherin oder ein Seher zu werden. Eine Seherin oder ein Seher ist Nestor zufolge ein Mensch, der sein psychophysisches System dahingehend entwickelt hat, dass es in der Lage ist, grosse Energiemengen zirkulieren zu lassen und als Ekstase abzugeben. Es ist ein Mensch, der als Resultat dieses grossen Energieumsatzes seine Leuchtstruktur als strukturiertes Bewusstseinslicht mit einem klaren und intuitiven Aufbau erkennt und entsprechend würdigen kann. Und es ist ein Mensch, dessen Sehen so weit fortgeschritten ist, dass er sein Zentrum und seine Quelle darin erkennt, auf die er zugeht. Offensichtlich sind nur wenige Menschen dazu in der Lage. Denn es braucht nicht nur eine starke körperliche und psychische Konstitution. Es braucht den Kontakt zu den richtigen Texten oder Menschen, die inspirieren oder anleiten. Es braucht die Bereitschaft, über Jahre hinweg bewusstseinsintensivierende Techniken und Mittel anzuwenden und ihnen im Leben Priorität einzuräumen. Und vermutlich braucht es bestimmte Begegnungen, Schicksalsschläge oder Lebenserfahrungen, damit der Wunsch und Wille zu dieser Bewusstseinsintensivierung – mit der Aussicht auf grössere Freiheit, Weisheit und Zufriedenheit – nicht nur aufkeimt, sondern auch anhält.

Eine grosse Verbreitung der Leuchtstruktur in den einzelnen kulturellen Traditionen kann also nicht erwartet werden. Und wo die Leuchtstruktur auftaucht, waren es zunächst zwar Seherinnen und Seher, die das Wissen um die Leuchtstruktur festgehalten, kommuniziert und interpretiert haben. Doch meistens waren es Nicht-Seher, die dieses Wissen ihrem intellektuellen Verständnis gemäss bearbeitet, verändert und weitergegeben haben. So ist es zu erklären, dass die überlieferte Leuchtstruktur selten in reiner seherischer Form und Bedeutung erscheint, sondern tief in die Kultur oder Spiritualität einer bestimmten Gruppe oder Gesellschaft eingebettet ist. Über die Zeit hinweg kann diese Entwicklung darin resultieren, dass sich die Darstellung, Bedeutung und Funktion der Leuchtstruktur in einem bestimmten Kulturgut so weit vom seherischen Ursprung entfernt hat, dass die leuchtenden Kugeln und Fäden kaum noch – oder gar nicht mehr – zu erkennen sind.

Forschen und Sehen

Ab einem bestimmten Zeitpunkt während meiner Lehrzeit bei Nestor habe ich damit begonnen, nach Spuren der Leuchtstruktur in verschiedenen Gesellschaften, Zeiten und Kulturen zu suchen. Zunächst war einfach der Geisteswissenschaftler in mir herausgefordert. Denn Nestors Ansicht, dass bekannte Kulturgüter und Religionen auf die Leuchtstruktur zurückgehen, konnte ich nicht unwidersprochen stehen lassen. Doch um qualifiziert auf eine solche ungeheure Behauptung antworten zu können, musste ich mich selbst in diese Kulturen und Religionen vertiefen. Allerdings war ich in meinem Forschen nie unvoreingenommen. Während es mir zunächst darum ging, Nestors Behauptungen zu widerlegen, änderte sich meine Gesinnung mit der Zeit und ich versuchte die Leuchtstruktur als Grundlage bestimmter kultureller und religiöser Erscheinungen zu postulieren. Doch meine Ergebnisse blieben spekulativ, die Frage liess sich fast nie eindeutig klären. An diesem Punkt eröffneten mir die Seher ein anderes Verständnis meines Forschens. Ich begriff, dass nicht die Resultate für mich – geschweige denn für die Seher – wichtig waren. Sondern das Forschen war eine für mich naheliegende konzentrative Auseinandersetzung mit der Leuchtstruktur, die letztlich mein Sehen unterstützte. Insofern sind meine Texte nicht als wissenschaftliche Arbeiten im strengen akademischen Sinn zu verstehen, obwohl die Vorgehensweise und Sprache durch meine geisteswissenschaftliche Ausbildung geprägt sind. Sondern sie sind Nebenprodukte einer spirituellen Aktivität, die mich der Leuchtstruktur auch über das Denken näher brachten. Dennoch bin ich davon überzeugt, dass die These von den entoptischen Erscheinungen als kulturtreibendem Faktor in der Wissenschaft stärker berücksichtigt werden sollte. Als Verbindungsglied zwischen der inneren, subjektiven und der äusseren, objektiven Welt könnten entoptische Phänomene zahlreiche kulturelle und religiöse Erscheinungen erklären oder zumindest auf eine andere, neue Weise beleuchten. Was die Leuchtstruktur selbst betrifft, legen meine Arbeiten nahe, dass sie für die meisten Menschen und die längste Zeit der menschlichen Kulturgeschichte eine weitaus bedeutungsvollere Rolle gespielt hat als man es von einer simplen Glaskörpertrübung erwarten würde. Für spirituell interessierte Leserinnen und Leser gibt es hingegen nur eine zentrale Frage: Welche Bedeutung hat die Leuchtstruktur für mich und für mein Streben nach mehr Bewusstseinslicht? Die Wissenschaft kann diese Frage nicht beantworten. Das eigene Forschen und Sehen hingegen schon.

Mouches volantes im Buddhismus

In diesem Buch suche ich nach Spuren der Leuchtstruktur im
Buddhismus. Der Buddhismus ist eine indische Religion, entstanden durch den Erkentnisweg und die Lehren von Siddharta Gautama (6./5. Jh. v. Chr.), einem Fürstensohn aus Lumbini, das heute
zu Nepal gehört. Auf seiner Suche nach spiritueller Vervoll-
kommnung lehnte Siddharta sowohl die brahmanischen Opferritu-
ale als auch die yogische Askese ab. Stattdessen widmete er sich
der Meditation, durch die er schliesslich vollkommene Erleuchtung erlangte und zum „Erwachten" (skr. *buddha*) wurde.

Meditation ist eine bewusstseinsintensivierende Praxis. Anders als
beim Tanz oder bei Körper- und Atemübungen wird der erhöhte
Energieumsatz nicht durch die Aktivierung des Körpers erreicht.
Sondern es ist die Beruhigung der sinnlichen und mentalen Aktivität durch Stille, Konzentration und Achtsamkeit, die das Nervensystem anregt und das Bewusstsein intensiviert. Diese Intensi-
vierung fördert wiederum das Sehen entoptischer Phänomene generell und der Leuchtstruktur im Besonderen. Insofern ist es wahrscheinlich, dass buddhistische Meditierende die Leuchtstruktur bei
offenen oder geschlossenen Augen wahrgenommen, gedeutet und
festgehalten haben. Dies versuche ich in diesem Buch anhand
zahlreicher Beispiele aus diversen buddhistischen Quellen zu zeigen.

Nach einem Überblick über die Geschichte des Buddhismus und
die Entwicklung der Lehrtraditionen (Kapitel 1), wende ich mich
zunächst der buddhistischen Kunst zu. Hier begegnen zentrale
Symbole, deren Strukturen eine Nähe zu den Kugeln und Fäden
der Leuchtstruktur aufweisen. Dazu gehören die Stupa, die Lotus-
blüte, Juwelen, der Bodhi-Baum und das Mandala (Kapitel 2).
Dass diese Symbole seherischer Herkunft sein könnten, darauf
deutet der Umstand hin, dass sie auch in visionären Mythen auftauchen sowie zur Beschreibung für die Wahrnehmung von Lichtern bei der konzentrativen Meditation verwendet werden (Kapitel
3 und 4). Als Exkurs beschäftige ich mich dann mit der „Augen-

trübung", die in manchen buddhistischen Schriften erwähnt wird. Sehr wahrscheinlich wurden darunter auch die Mouches volantes verstanden. Sie dienten dazu, die illusorische Natur der Realität zu veranschaulichen. Im Laufe der Zeit wurde die Augentrübung dann zur Bewusstseinstrübung erklärt und schliesslich mit dem leuchtenden Bewusstsein identifiziert. Wie bei den Emmentaler Sehern lautet auch die buddhistische Schlussfolgerung: Es ist eine Frage unseres Bewusstseins, ob wir in der Leuchtstruktur eine Trübung der Sicht oder aber das Bewusstseinslicht sehen (Kapitel 5). Es folgt ein Kapitel über die Praxis und die visionären Lichterscheinungen der „Grossen Perfektion" (Dzogchen), einer tibetischen und tantrischen Richtung des Buddhismus. Die Beschreibung des wahrnehmbaren leuchtenden Bewusstseins als Tropfen (tib. *thigle*) und als Diamantfäden zeigt, dass die Leuchtstruktur ein Objekt des befreienden Sehens und der philosophischen Erörterung im Buddhismus war und ist (Kapitel 6). Im Fazit vergleiche ich abschliessend die Charakteristik und Bedeutung der Lichtvisionen in den genannten buddhistischen Schriften und diskutiere die Möglichkeit, dass die Leuchtstruktur von Anfang an Teil der buddhistischen meditativen Praxis gewesen ist (Kapitel 7).

Mouches volantes im Buddhismus

1
Der Buddhismus – Geschichte, Lehre, Richtungen

Die buddhistische Religion geht auf die historische Figur des Siddharta aus der Familie der Gautamas zurück. Er lebte irgendwann zwischen dem 6. und 4. Jh. v. Chr. in Nordindien. Gemäss der Tradition verbrachte er eine sorgenfreie und behütete Jugend als Prinz des Fürstentums der Shakya. Bei einer Ausfahrt aus dem Palast begegnete er jedoch einem Alten, einem Kranken, einem Toten und einem Mönch. Diese Begegnungen veränderten sein Leben. Mit 29 Jahren verliess Siddharta seine Familie und widmete sich der Suche nach Weisheit und Befreiung. Zunächst übte er rigorose Askese, ohne jedoch Befreiung zu erlangen. Er gab dann das Fasten und die extremen körperlichen Praktiken auf und wandte sich der Meditation zu. Siddharta versenkte sich in immer tiefere Zustände und gewann schliesslich Einsicht in die Natur der Existenz. Unter dem Feigenbaum in Bodh Gaya erhielt er im Alter von 35 Jahren die vollkommene Erleuchtung und wurde zum Buddha (skr. *buddha*, „erwacht", „der Erwachte"). Von diesem Zeitpunkt an bis zu seinem Tod mit 80 Jahren wanderte er durch Nordindien und verkündete seine Lehre, den Dharma. Die buddhistische Gemeinschaft, der Sangha, wuchs rasch. Während die Anhänger Buddhas zunächst wandernde Mönche und Nonnen waren, entwickelte sich bald eine klösterliche Gemeinschaft mit strikten Regeln für die spirituelle Praxis, das Zusammenleben sowie für den Austausch mit den Laien.

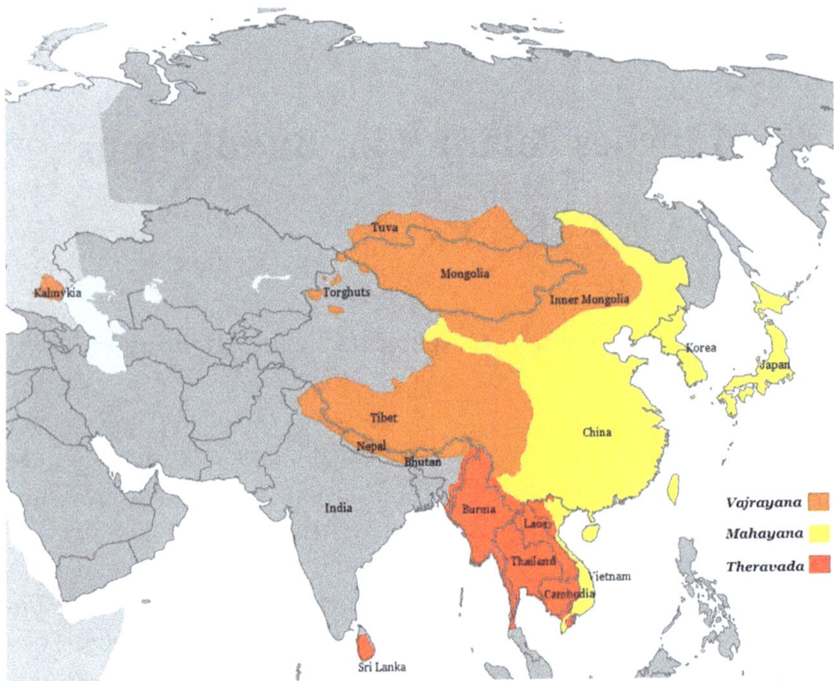

Ca. 500 Mio. Menschen weltweit sind Buddhisten. Die Karte zeigt die asiatischen Länder mit der grössten Verbreitung des Buddhismus, aufgeteilt nach den drei Hauptrichtungen Theravada, Mahayana und Vajrayana. Quelle: Link[1].

In ihrer frühesten Form ist die Lehre des Buddha im Sutta-Pitaka des Pali-Kanons oder „Dreikorbs" (p. *tipitaka*) enthalten. Dieser Kanon wurde ab dem 1. Jh. v. in der mittelindischen Sprache Pali niedergeschrieben. Neben den Lehrreden des Buddha (p. *sutta*) enthält er auch die Mönchsregeln (p. *vinaya*) sowie die systematische Zusammenfassung und Begründung der Lehre (p. *abhidhamma*) (Lal Hazra 1998; Schlieter 1997; Lingwood 1992). Die zentralen Erkenntnisse des Buddha werden als die Vier Edlen Wahrheiten zusammengefasst: 1) alle Existenz ist leidvoll, 2) der Ursprung des Leidens ist das Begehren, 3) es gibt ein Ende des Leidens, und 4) es führt ein Weg dorthin, nämlich der Achtfache Pfad. Wie fast alle indischen spirituellen Lehrer nahm der Buddha die Lehre über das Karma und den leidvollen Wiedergeburtenkreislauf (skr. *samsara*) an. Doch er wies die Existenz eines Selbst oder einer Seele (skr. atman) zurück, die durch unzählige Existenzen wandern könnte. Vielmehr seien es „Daseinsfaktoren" (skr. *dharma*), nämlich die fünf Daseinsgruppen bzw. „Anhäufungen" (skr. *skandha*) von Aspekten des Körpers, der Sinne und des Bewusstseins, die in bedingter Abhängigkeit entstehen und vergehen. Nach buddhistischem Verständnis gibt es keinen Urgrund, keine Substanz oder „Eigennatur" (skr. *asvabhava*) in den Menschen und Dingen. Alles, was wir sind und wahrnehmen, ist in Wahrheit leer (skr. *shunya*). Die Einsicht, dass die Dinge nicht nur wandelbar, vergänglich und daher leidvoll, sondern auch leer sind, führt zum erlösenden Verlöschen (skr. *nirvana*) und hebt Samsara auf. Diese Einsicht kommt nicht wie in der vedisch-brahmanischen Religion durch Rituale, magische Praktiken oder asketische Yogaübungen unter Einhaltung der Kastenordnung zustande. Sondern es können alle Menschen zur Befreiung gelangen, wenn sie dem Edlen Achtfachen Pfad folgen. Dazu gehört die rechte Einsicht in die Vier Edlen Wahrheiten, die rechte Gesinnung (die Entscheidung für das Leben nach buddhistischen Idealen), ein ethisches Verhalten (rechte Rede, rechtes Verhalten, rechte Lebensführung), die ausgewogene, d.h. nicht-extreme Praxis (rechtes Streben) sowie die Meditation (rechte Achtsamkeit, rechte Sammlung) (Lamotte 1989).

Schon bald nach dem Tod des Buddha begannen sich aufgrund von strittigen Fragen in der Lehre und der Mönchsdisziplin unterschiedliche Schulen herauszubilden. Die Theravadins (p. *theravada*, „Schule der Älteren") begreifen sich als Erhalter der reinen Lehre des Buddha, wie sie im Pali-Kanon dargelegt ist. Sie dominieren heute den Buddhismus in Sri Lanka, Birma, Laos, Thailand und Kambodscha. Doch ab dem 1. Jh. v. erschienen Schriften, die bestimmte Aspekte der buddhistischen Lehre anders gewichteten. Sie werden zusammenfassend als das „grosse Fahrzeug" (skr. *mahayana*) bezeichnet. Denn anstelle des Arhat, der das Ende des Leidens und das Verlöschen im Nirvana für sich selbst sucht, wurde nun das Ideal des Bodhisattva hochgehalten. Dieser „perfektioniert" (skr. *paramita*) über mehrere Stufen seine ethischen, psychischen und meditativen Kräfte, verzichtet aus Mitgefühl jedoch auf das Eingehen ins Nirvana, um den Lebewesen auf ihrem Weg zur Befreiung beizustehen und solange zu reinkarnieren, bis jedes Wesen Befreiung erlangt hat.

Im Mahayana-Buddhismus wird die Lehre von der Substanzlosigkeit bzw. Leerheit (skr. *shunyata*) aller Dinge vordergründig. Insbesondere die „Weisheitsliteratur" (Prajnaparamita-Sutras) und die darauf gründende Madhyamaka-Schule des Nagarjuna (ca. 2. Jh.) vertreten die absolute Identität aller Dinge, Lebewesen und sogar diejenige von Samsara und Nirvana, weil die Leerheit ihre gemeinsame Grundnatur sei. Die Leerheit wird zur letzten Wirklichkeit, auch „So-heit" (skr. *tathata*) oder „Buddha-Natur" (skr. *buddhadhatu*) genannt. Die Lebewesen sind also nicht nur identisch, sondern auch bereits erlöst. Als potenzielle Buddhas müssen sie Erlösung nicht erst erlangen, sondern durch die Einsicht in die Leerheit bzw. das Nicht-Selbst erkennen.

Die andere grosse Mahayana-Schule, Yogacara, ist in der Praxis des Yoga und insbesondere der Meditation (skr. *dhyana*; *samadhi*) verwurzelt. Sie wird auch als „Bewusstseinsschule" (skr. vijnanavada) bezeichnet. Denn für die Yogacarins ist die Welt nicht einfach leer, und auch nicht eine eigenständige Realität, sondern eine Konstruktion und Projektion des Bewusstseins. In der Meditation soll dies erkannt werden, indem die oder der Meditierende durch verschiedene Bewusstseinsebenen hindurch bis zum nicht-dualen intuitiven Wissen (skr. *aryajnana*) des innersten Speicherbewusstseins (skr. *alayajnana*) vordringt. Der historische Buddha gilt in diesen Texten lediglich als ein Aspekt der alles verbindenden transzendenten Buddha-Natur, die in allen Lebewesen präsent ist. Auf diese Weise ist der erwachte Siddharta einer von unzähligen Buddhas, die den Dharma in unzähligen Welten verbreiten. Sie alle sind identisch in ihrem Körper der Lehre (skr. *dharmakaya*), erscheinen aber in unterschiedlichen Freuden-Körpern (skr. *sambhogakaya*) und physischen Körpern (skr. *nirmanakaya*), um die Lehre zu verkünden.

Die frühen Schriften und Lehren des Mahayana-Buddhismus breiteten sich in den ersten Jahrhunderten n. Chr. nach China aus. Hier wurden viele buddhistische Werke ins Chinesische übersetzt und auf diese Weise vor der späteren Vernichtung durch die islamische Eroberung Nordindiens bewahrt. In China entstanden neue buddhistische Schulen, die für ganz Ostasien prägend werden sollten: so die Schule des Blütenornaments (chin. Huayan, jap. Kegon), die Schule des Reinen Landes (chin. Jingtu, jap. Jodo), die Schule des Lotus-Sutra (chin. Tiantai, jap. Tendai) und die Meditationsschule (chin. Chan, jap. Zen).

Mit der Eroberung Indiens durch die Muslime wurde der Buddhismus ab dem 10. Jh. in seinem Herkunftsland zurückgedrängt. Mönche, Klöster, Heiligtümer und Schriften fielen der Verfolgung und Zerstörung zum Opfer, bis die Religion im Norden Indiens verschwunden war. Nordindische Buddhisten flohen nach Südindien, Südostasien, Nepal und Tibet und brachten neuere indisch-buddhistische Lehren in diese Regionen. Dies galt insbesondere für den tantrischen Buddhismus, das „diamantene Fahrzeug" (skr. *vajrayana*) genannt, der in Nepal und Tibet Fuss fasste. Vajrayana zeichnet sich ursprünglich durch kleinere Zirkel von initiierten Schülern um einen Lehrer (skr. *guru*, tib. *lama*) aus. So angeleitet übten sie sich in der Beschwörung von Göttern, um sich deren Qualitäten und letztlich die innere Buddhaschaft anzueignen. Dies sollte durch esoterische Rituale, magische, körperliche und sexuelle Praktiken, Symbole, Mantras und Visualisierungen geschehen. Damit hebt sich der tantrische Buddhismus von den anderen Heilswegen bzw. Fahrzeugen (skr. *yana*) ab: Während sich die Theravada- und anderen frühen Schulen als Pfad der Entsagung und die Mahayana-Richtungen als Pfad des Mitgefühls charakterisieren lassen, ist der tantrische Buddhismus ein Pfad der Handlung und des Resultats, auf dem Befreiung durch die Arbeit mit spirituellen und psychophysischen Kräften erlangt werden soll (Harvey 2013; Schumann 2000; Williams 2000; Meisig 1998; Schlieter 1997; Bechert/Gombrich 1989).

2
Formen der Leuchtstruktur in der buddhistischen Kunst

Im Austausch mit diversen asiatischen Kunsttraditionen hat der Buddhismus eine Vielzahl an Kunst- und Bauwerken hervorgebracht. Diese Werke erzählen die Geschichte des Buddha, erinnern an Inhalte und Ideale der buddhistischen Lehre und sind Objekte der religiösen Praxis (Harvey 2013; Wangu 2009; Irons 2008: art, aesthetics, and architecture; Bechert/Gombrich 1989). Hier interessieren jene zentralen Werke und Motive, die Ähnlichkeiten mit der Leuchtstruktur aufweisen.

Die ältesten und wohl bezeichnendsten buddhistischen Bauwerke sind die Stupas. Ein Stupa (dt. „Hügel") ist ein rundes, hügelartiges Bauwerk, das Reliquien des Buddha oder herausragender Mönche enthält. Er symbolisiert den Buddha und seine Lehre. Stupas werden von Laienanhängern umrundet, um gutes Karma zu erhalten, Mitgefühl zu erwecken und Laster fernzuhalten. Über die Jahrhunderte wurden die Bauwerke weiterentwickelt, so zu den glockenähnlichen Dagobas und Chörten in Sri Lanka und Tibet, den zugespitzten Chedis in Thailand und den achtseitigen mehrstöckigen Pagoden in Ostasien (Irons 2008: stupa).

Stupa in Sanchi, ab dem 3. Jh. v. Chr. Quelle: Link².

Der Blick von oben enthüllt den ursprünglichen Stupa als Kern-Umkreis-Struktur. Typischerweise gibt es einen Kern, nämlich die Spitze des Bauwerkes, um den sich je nach Architektur eine oder mehrere Kreisringe, also die fortlaufende oder abgestufte Kuppel, anordnen. Abgeschlossen wird das Bild von der Basis, die Fläche für die Umrundung durch die Laien. Zwar haben diese einzelnen Bereiche eines Stupa – Basis, Kuppel, Spitze – spezifische buddhistische Bedeutungen. Andere Interpretationen verstehen den Stupa als Weltachse oder als den Weltberg Meru und suggerieren damit schamanische Symbolik. Wird der Stupa jedoch als eine Kombination aus Kern-Umkreis-Struktur und Träger des Lichts – des Dharma – gesehen, erscheint das Bauwerk als Symbol einer Leuchtstruktur-Kugel.

Ein anderes frühes Bauwerk ist das buddhistische Kloster. Es wurde aus Holz oder Stein gebaut, oft aber auch in Felswände gemeisselt. Solche Höhlenklöster enthielten neben den Quartieren für die Mönche (skr. *vihara*) auch Gebetshallen (skr. *chaitya*). Diese Hallen sind lange Räume, in denen zwei seitliche Säulenreihen den Hauptgang von den Seitenschiffen abtrennen. Im Innersten der Halle befindet sich das Heiligtum, ein kleiner Stupa oder eine Buddha-Statue. Das Heiligtum kann über die Seitenschiffe umkreist werden. Die Decken des Hauptgangs und der Seitenschiffe sind gewölbt. Durch Öffnungen an der Fassade wurde Licht in die Halle geleitet um das Heiligtum zu beleuchten. Eine Chaitya lässt sich also als doppelmembranige beleuchtete Röhre sehen, die womöglich einen Faden der Leuchtstruktur nachbildet.

Blick in die Gebetshalle des Bhaja-Höhlenklosters in Lonavala, Indien, ca. 2. Jh. v. Chr. Links und rechts des Hauptganges befinden sich die kleinen Gänge für die Umrundung des Heiligtums durch die Laien. Quelle: Link[3].

In den ersten Jahrhunderten der buddhistischen Zeitrechnung wurde der Buddha aus Respekt nicht als Mensch abgebildet. Künstler verwendeten Sinnbilder um ihn darzustellen. Viele davon tauchen an den Reliefs der Stupas von Sanchi und Bharhut auf und wurden zu zentralen buddhistischen Symbolen. Dazu gehören der Bodhi-Baum, das Dharma-Rad und die Lotus-Blüte.

Der Tradition gemäss sass Siddharta unter einer Pappelfeige (skr. *ashvattha*, *pippala*; lat. *Ficus religiosa*), als er in der Meditation Befreiung erlangte. Daher wird dieser Baum von Buddhisten als Bodhi-Baum, d.h. Baum des Erwachens, verehrt. Die Verehrung von Pappelfeigen ist allerdings auch Teil des älteren indischen Baumkults, wo Bäume als Symbol des Lebens und der Fruchtbarkeit, des Sterbens und des Wiedergeborenwerdens, der Unsterblichkeit, aber auch als Geister oder Wohnungen von Geistern oder Göttern gelten (Choudhury 2012; vgl. Tausin 2012f). Wie bereits im Fall des schamanischen Weltenbaums oder des mesopotamischen Lebensbaums (Tausin 2011) geltend gemacht, kann der Bodhi-Baum aufgrund seiner Struktur – Wurzeln und Äste als Röhren, Blätter und Früchte als Kreisgebilde – sowie seiner Assoziation mit spirituellen veränderten Bewusstseinszuständen als Metapher für die Leuchtstruktur verstanden werden.

Buddha Shakyamuni unter dem Bodhi-Baum. Thailändische Teak-Holz-Schnitzerei, patiniert. Quelle: Link[4].

Das „Rad der Lehre" oder Dharma-Rad (skr. *dharmacakra*) steht für den Buddhismus schlechthin. Dieses Rad mit meist acht oder vierundzwanzig Speichen symbolisiert den Dharma, die Lehre des Buddha. Es erinnert auch an die erste Lehrrede in Sarnath, wodurch der Buddha das Rad der Lehre ins Rollen brachte. Nicht nur im Buddhismus, sondern generell in der indischen Kultur, lässt sich die Rad-Symbolik intuitiv als Ausdruck der leuchtenden Kugeln der Leuchtstruktur verstehen. Nicht nur wurde das Rad oft mit Licht und dem Himmel in Verbindung gebracht (z.B. die Sonne als Rad oder die Räder von himmlischen Wagen, vgl. Tausin 2012h). Mit der Nabe im Zentrum zeigt es auch die typische Kern-Umkreis-Struktur.

Buddhistische Anhänger unter einem Dharma-Rad. Gemeisselte Säule am südlichen Portal des Stupa von Sanchi. Quelle: Link[5].

Die Lotus steht im Buddhismus – und in der indischen Kultur generell – für die geistige Reinheit und Erleuchtung. Der Lotus wächst im Morast, seine Blüte aber weist Wasser und Schmutz ab und bleibt rein. Genauso reift das Bewusstsein eines Menschen im Schmutz und Leid dieser Welt heran und kommt – letztlich unbefleckt von der Welt – zur vollen Blüte. In der Kunst wird der Lotus oft stilisiert als Kern-Umkreis-Gebilde dargestellt.

Im Bild oben (Medaillon am Sanchi-Stupa Nr. 2) ist die Lotusblüte die Grundlage eines ebenfalls frühen Symbols, den Drei Juwelen (skr. *triratna*). Das Triratna steht für den Buddha, seine Lehre (Dharma) sowie die Gemeinschaft (Sangha). Bereits in den Suttas werden Juwelen (skr. *ratna*) erwähnt, um buddhistische Ideale zu veranschaulichen. Edelsteine und Juwelen stehen für Schönheit,

Reinheit und Dauerhaftigkeit. Damit sind sie eine Metapher für die Weisheit, die Erleuchtung und die Überwindung des Todes. In der Kunst werden Juwelen als wichtige Attribute von himmlischen Buddhas und Bodhisattvas der Mahayana- und Tantra-Traditionen dargestellt. Dazu gehören die Bodhisattvas Kshitigarbha (chin. Diazang, jap. Jizo) und Avalokiteshvara (chin. Guanyin, jap. Kannon), die weibliche Schutzgöttin Shri-Mahadevi (jap. Kichijoten) sowie der „Juwelen-Buddha" Ratnasambhava. Manchmal tragen diese Buddhas und Bodhisattvas auch einen besonderen legendären Edelstein, nämlich das „Wunschjuwel" (skr. *cintamani*, Gedanken-Juwelen). Dieses Juwel soll die Wünsche der Menschen erfüllen, symbolisiert aber auch die Wirkung des Dharma und des erleuchteten Geistes. Das Wunschjuwel wird einzeln, in tantrischen Traditionen aber auch dreifach und von einer Flamme umgeben dargestellt (Buswell 2004: *Jewels*). Juwelen werden in der buddhistischen Kunst oft sehr ähnlich dargestellt wie die Kugeln der Leuchtstruktur: als Licht reflektierende Kreise oder Kugeln, teilweise mit einem Kern, vereinzelt oder als Ketten.

Links: Bodhisattva Kshitigarbha, die in Japan populäre Schutzgottheit der Kinder sowie der Seelen in der Unterwelt, hält das Wunschjuwel in seiner Hand. Goryeo-Dynastie, 10.-14. Jh. Quelle: Link [9]. Rechts: Ein Bodhisattva mit drei Perlen in der Krone und ausgeprägtem Juwelenschmuck. Detail einer Darstellung der Herabkunft von Buddha Amitabha. Quelle: Link[10].

Spätestens ab dem 1. Jh. entstanden in Indien bildliche Darstellungen des Buddha. Zu den zahlreichen Zeichen (skr. *lakshana*) der Erleuchtung gehören u.a. der Strahlenkranz (skr. *prabhamandala*) um den Kopf oder Körper des Buddha Shakyamuni – und später auch zahlreicher weiterer Buddhas, Bodhisattvas und Götter. Dasselbe gilt für ein weiteres typisches Merkmal, nämlich die Ausformung des Kopfes. Dieser „kronen- oder turbanähnliche" (skr. *ushnisha*) Kopf wird teils als Haarknoten, teils als Erhebung des Schädels dargestellt. Es symbolisiert die Weisheit des Erwachten. Ähnlich wie im Fall des Stupa, wird beim Blick von oben auf den Kronenkopf die Kern-Umkreis-Struktur sichtbar.

Links: Der Buddha mit Kronenkopf, umgeben von einem Strahlenkranz. Buddha-Relief aus Sarnath, Indien. Gupta-Periode, 5./6. Jh. Quelle: Link[11]. Rechts oben: Buddha mit Haarknoten, Gandhara-Stil, 1./2. Jh. Quelle: Link[12]. Rechts unten: Buddha mit ausgeprägtem Kronenkopf, Thailand, ca. 15. Jh. Quelle: Link[13].

Ein weiteres buddhistisches Symbol ist der Kreis oder die Scheibe. Generell stehen Kreise für das Allumfassende, Ganze, für die Welt und den Kosmos. Schon früh wurden Kreise auch als Meditationsobjekte eingesetzt. Im Kasina-Sutta des Pali-Kanons werden zehn „Allheitsgebiete" oder Kasinas (p. *kasina*, „ganz",

33

„voll") aufgezählt, nämlich die vier Elemente, vier Farben sowie Raum und Bewusstsein. Diese soll man „über sich, unter sich, ringsherum, einheitlich, unermesslich" (*Anguttara-Nikaya* 10, 25; Quelle: Link[14]) wahrnehmen. Im Meditationshandbuch *Visuddhimagga* (5. Jh.) des sri-lankischen Mönchs Buddhaghosa sind die Kasinas Kreise oder Scheiben, die aus den Elementen oder aus Farben hergestellt werden. Diese Kreise sind Objekte der Samatha-Meditation. Hier soll durch Konzentration das mentale Abbild eines Kasina erzeugt werden, das für die Essenz des Elements oder der Farbe steht.

Eine moderne Darstellung des Bewusstseins- oder Lichtkasinas (p. aloka kasina). Quelle: Link[15].

Diese Meditationsscheiben könnten Einfluss auf die Entwicklung eines weiteren Kreissymbols, des Mandala, gehabt haben (Harvey 2013). Mandalas (skr. *mandala*, „Kreis") sind geometrische Bilder auf der Basis eines Kreises. Sie sind aus dem indischen Tantra bekannt und wurden vorwiegend in den tantrischen Buddhismus Tibets übernommen. Tibetische Mandalas werden auf Mauern oder Rollbilder bzw. Thangkas (tib. *thang ka*) gemalt oder auch aus farbigem Sand hergestellt. In abstrakter Weise stellen sie himmlische Landschaften oder Paläste dar, integrieren aber auch diverse Götter und andere Wesen, Symbole sowie innere, psychische und meditative Zustände. Dieser religiöse Kosmos ist meistens einer Gottheit gewidmet, die im Zentrum, dem Palast, residiert. Mandalas werden in Ritualen und Visualisierungen eingesetzt, um Aspekte dieser Buddhas und Gottheiten in sich zu kultivieren. Daneben dienen sie häufig auch als Grundriss für Tempelkomplexe oder Stupas (Chemburkar 2017).

Tibetisches Mandala, 19. Jh., mit Amitayus, einer Erscheinungsform (Sambhogakaya) des Buddha Amitabha, im Zentrum. Quelle: Link[16].

Eine weitere Kreisform ist aus dem japanischen Zen-Buddhismus bekannt, nämlich der Enso (jap. für „Kreis"). Enso ist eines der geläufigsten Symbole der japanischen Kalligraphie. Häufig wird der Kreis als Metapher für die Welt, den Wiedergeburtenkreislauf oder für die Verbundenheit aller Dinge verstanden, während der Kern die Leerheit darstellt, die durch Meditation realisiert werden soll. Doch näher an der Lehre und dem Ideal des Zen-Buddhismus ist der Enso ein Ausdruck der nicht zu verändernden „So-heit" (skr. *tathata*) des momentanen Zustandes. Denn der Akt des Malens ist eine spirituelle Tätigkeit, die nicht nur die Achtsamkeit fördern soll, sondern auch den inneren Zustand des Künstlers widerspiegelt. Es heisst, nur ein mental und spirituell vollkommener Mensch, kann einen vollkommenen Enso malen (Renko 2016; Seo 2007).

Enso. Quelle: Link[17].

Alle diese Symbole lassen sich als Variationen von älteren Erscheinungen begreifen. Der Stupa und die Chaitya-Hallen haben sich vermutlich aus prähistorischen Grabhügeln entwickelt (Buswell 2004: *Stupa*). Die Verehrung des Bodhi-Baumes geht auf den indischen Baumkult zurück (Choudhury 2012). Die spirituellen Bedeutungen des Rades, der Lotusblume und der Edelsteine und Juwelen haben ebenfalls religiöse Vorläufer in Indien. Die Strahlenkränze der Buddhas könnten eine Nachahmung der hellenistischen Glorienscheine (vgl. Jensen 2000) und weiter der altägyptischen und mesopotamischen Sonnenscheiben und Sonnenkronen sein. Der Kronenkopf des Buddha erinnert an den brahmanischen Haarbüschel (skr. *shikha*), aber auch an die yogische Vorstellung vom Austreten der Lebensenergie (skr. *prana*) aus dem Scheitel-Chakra. Die buddhistischen Kreissymbole lassen sich als Fortführung von Kreisdarstellungen verstehen, die vermutlich bereits in der Urgeschichte der Menschheit Ganzheit, Vollkommenheit, Unendlichkeit und damit auch den Kosmos und das Göttliche ausdrückten (z.B. Mahlstedt 2010).

Die Symbole könnten aber auch ein Ausdruck der Kugeln und Fäden der Leuchtstruktur sein. Dies legt ihre Struktur – meist eine Kern-Umkreis-Struktur, in einzelnen Fällen auch eine röhrenartige oder verzweigte baumähnliche Struktur – sowie ihre Assoziation mit Licht, Erleuchtung und spiritueller Reinheit nahe. Es ist nicht auszuschliessen, dass nicht nur ältere Symbole – die ihrerseits eine Darstellung der Leuchtstruktur sein könnten (vgl. Tausin 2012c/d/e/f, 2011, 2006a) –, sondern auch das Sehen der Leuchtstruktur bei der Entwicklung dieser buddhistischen Symbole eine Rolle gespielt hat. Denn Menschen, die im Rahmen spiritueller Praktiken entoptische Erscheinungen sehen, greifen auf strukturell ähnliche Symbole aus ihrem kulturellen und spirituellen Umfeld zurück, um ihre Wahrnehmung zu beschreiben und zu interpretieren (z.B. Tausin 2010b). Die Bedeutung dieser verwendeten Symbole könnte dann ihrerseits um die seherischen Erfahrungen erweitert worden sein. Die Frage ist, ob die genannten Symbole im Buddhismus auch mit Visionen und anderen seherischen Erfahrungen assoziiert sind.

3
Buddhistische Symbole als Teil von mythischen Visionen

Einige der vorgestellten buddhistischen Symbole werden im Zusammenhang mit mythischen visionären Bildern genannt, die in der buddhistischen Literatur vorkommen. Dies gilt insbesondere für Juwelen und Edelsteine, aber auch für Blüten, Bäume und Stupas. Im Mahasudassana-Sutta des Pali-Kanons beispielsweise beschreibt der Buddha eine vergangene Stadt aus Juwelen, deren Herrscher er in einer früheren Existenz war. Diese Stadt, Kusavati,

> „war von sieben Gürteln umgeben: ein Gürtel war mit Gold eingelegt, einer mit Silber getrieben, einer mit Beryll gearbeitet, einer mit Kristall gearbeitet, einer mit Rubinen besetzt, einer mit Saphiren und Smaragden besetzt, einer mit allem Edelgestein ausgelegt" (Digha Nikaya II, 17; Quelle: Link[18]).

Die vier Tore der Stadt sowie die sieben Säulen an jedem Tor waren ebenfalls aus diesen Edelsteinen gefertigt. Dasselbe gilt für die sieben Palmenreihen um die Stadt:

> „Die goldene Palme hatte goldenen Stamm und silberne Blätter und Früchte. Die silberne Palme hatte silbernen Stamm und goldene Blätter und Früchte. … Die Palme aus allem Edelgestein hatte einen Stamm von allem Edelgestein und Blätter und Früchte von allem Edelgestein" (Digha Nikaya II, 17; Quelle: Link[18]).

In dieser Beschreibung zeigen Edelmetalle und Edelsteine zwei leuchtende Einrichtungen an, die an die Leuchtstruktur erinnern: nämlich die Stadt als Kern-Umkreis-Struktur, sowie die Palmen und ihre Blätter und Früchte als eine verzweigte Struktur, die runde Formen beinhaltet.

Diese Erzählung ist zwar eher eine Erinnerung als eine Vision. Sie könnte aber die späteren Visionen des Dharma-Reiches (skr. *dharmadhatu*) oder auch der Reinen Länder bzw. Buddha-Felder (skr. *buddhakshetra*) inspiriert haben, die für den Mahayana-Buddhismus bezeichnend sind. Damit sind Realitäten und Welten angesprochen, die durch den reinen erleuchteten Geist wahrgenommen werden. Ein Beispiel liefert das *Gandavyuha-Sutra* (ca. 3. Jh.). Es beschreibt die Pilgerreise des jungen Sudhana, der den Pfad des Bodhisattva realisieren möchte. Sudhana trifft zahlreiche Bodhisattvas, die ihm in mystischen Visionen das Dharma-Reich offenbaren (Osto 2004). Oft geschieht dies dadurch, dass ein solcher spiritueller Freund sich in Samadhi versetzt und das Dharma-Reich aus seinem Körper – insbesondere aus der Stelle zwischen den Augenbrauen – projiziert. In diesen Paradiesen werden weltliche Erscheinungen wie der eigene Körper, aber auch Stupas, Paläste, Banner, Sonnenschirme, Bäume, Blumen, Teiche etc. in Gold, Silber, Diamanten, Perlen, Kristalle und andere Edelmetalle und Edelsteine transformiert. In der Eröffnungsszene beispielsweise wird der Buddha Vairocana gebeten, seine spirituelle Kraft zu manifestieren:

> „Kaum, dass Buddha sich also in diese tiefe Geistes-Stille versenkt hatte, da erweiterte sich auf einmal das prachtvolle mehrstöckige Lehrgebäude grenzenlos weit und gross. Es ragte hoch und unzerstörbar auf dem diamantenen Schatz-Boden empor. … Unzählbare Schatz-Blumen wurden da ausgestreut. Mannigfaltige seltsame Schätze aus Smaragd machten die Säulen des Lehrgebäudes aus. … Ein grosses Netz aus Allmacht-Schätzen schwebte darüber. … Mannigfaltige Strahlennetze verbreiteten sich und der ganze Kosmos wurde klar erhellt" (Kegon-Sutra 34).

Juwelen und Edelsteine können hier als Metapher für das Licht und die Klarheit des Dharma-Reiches und als Ausdruck für die spirituellen Verdienste und die spirituelle Kraft der Protagonisten verstanden werden (Osto 2004). In einem direkteren, seherischen Sinn jedoch sind Juwelen geometrische leuchtende Formen, die hier durch den Ausfluss von spirituellem Licht erzeugt werden. Dies ist eine gute Beschreibung der Leuchtstruktur und anderer entoptischer Formen, die in intensiveren Bewusstseinszuständen erscheinen und durch Ekstasen verstärkt werden. Dafür spricht auch ein weiterer in der buddhistischen Literatur beschriebener Aspekt: Dieses Licht überlagert oder ersetzt die weltlichen Erscheinungen nicht, sondern es erleuchtet und vergeistigt sie. Zudem vergrössert es die Welt in einer Art „Zoomeffekt". Auch aus seherischer Erfahrung besteht die Welt durch ekstatische Bewusstseinsveränderung nach wie vor aus Landschaften, Natur, Gebäuden, Körpern etc., nur erscheinen diese grösser und leuchtender (Tausin 2006b).

Das Gandavyuha-Sutra ist als Teil des grösseren Avatamsaka-Sutra (1.-4. Jh., dt. „Blumengirlanden-Leitfaden", chin. Huayan-jing, jap. Kegon-kyo) erhalten. Letzteres enthält eine Vision des Dharma-Reiches, in der alle Phänomene auf der Grundlage ihrer Leerheit miteinander verbunden sind und sich gegenseitig durchdringen. Dies wird u.a. mit der vedischen Metapher von Indras Netz veranschaulicht (Cook 1977):

„Die Buddhas erkennen mit ihrer Weisheit, dass der ganze Kosmos der Seienden ohne Ausnahme so wie das grosse Netz im Indra-Palaste ist, so dass alle Seienden wie die Edelsteine an jedem Knoten des Indra-Netzes untereinander unendlich und unerschöpflich ihre Bilder und die Bilder der Bilder u.s.f. in sich spiegeln" (Kegon-Sutra 28).

Indras Netz. Bearbeiteter Ausschnitt aus der Fotografie eines mit Tautropfen behangenen Spinnennetzes. Quelle des Originals: Link[19].

Dieses nicht-hierarchische Universum der identischen Phänomene wurde später von den Meistern der chinesischen „Blumengirlandenschule" oder Huayan-zong (7.-9. Jh.) weiterentwickelt und auch durch weitere Metaphern ausgedrückt. Doch das Bild von Indras Netz weist die deutlichsten Parallelen zur Leuchtstruktur auf: Bei beiden handelt es sich um ein Geflecht aus miteinander verbundenen „Knoten". Dieses Geflecht ist ein Ausdruck der Leerheit, aber auch des Lichts. Denn die Leerheit der Phänomene ist im Huayan-Buddhismus nicht einfach nur die Abwesenheit von

42

Substanz, sondern sie ist ein positives Prinzip (chin. *li*), das leer
an Verunreinigungen, aber nicht leer an innerer Strahlung ist. Die
Spiegelung aller Edelsteine in jedem einzelnen wiederum offen-
bart den fraktalen Charakter des Netzes, der sich in der Leuchtstruktur in der Wiederholung der individuellen Muster auf jeder
Bewusstseinsschicht zeigt (Tausin 2006b). Indras Netz könnte somit die bildlich ausgearbeitete Vision einer Erleuchtungserfahrung
sein (Tausin 2012c, 2008b, 2008c).

Dharma-Körper. Moderne Darstellung. Quelle: Link[20].

Der Begriff des Dharma-Reiches (skr. *dharmadhatu*) ist zudem
eng verknüpft mit zwei anderen Mahayana-Doktrinen, die die

Universalität und Immanenz der leuchtenden Buddha-Essenz betonen: der Dharma-Körper (skr. *dharmakaya*) und die Buddha-Natur (skr. *buddhadhatu* oder *tathagatagarbha*). Der Dharma-Körper ist der wahre Körper eines Buddha, seine ewige und nicht-duale Essenz, die zugleich die letztgültige Realität ist, während Unreinheiten, Leiden und die sinnlich-physische Welt illusionär sind. Aufgrund dessen haben alle Lebewesen bereits die Buddha-Natur in sich, also das Prinzip, das sie befähigt, Erleuchtung zu erlangen. Das *Tathagatagarbha-Sutra* (ca. 3 Jh.), eine frühe Mahayana-Schrift, veranschaulicht die Buddha-Natur durch himmlische Lotusblüten sowie Buddhas mit Strahlenkränzen:

„Nachdem man ihm Essen dargeboten hatte, zog sich der Erhabene (Buddha) zur Meditation in den Candanagarbha-Pavillon zurück, wobei durch die Macht Buddhas Myriaden von Lotusblumen aus diesem erwuchsen, mit zahllosen Blüten so gross wie Räderwagen, farbenprächtig, aber noch nicht geöffnet. Die Lotusse stiegen gen Himmel auf, bedeckten dieses ganze Buddha-Feld und verweilten dort wie ein Baldachin aus Edelsteinen. In jedem Lotus-Blütenkelch sass im Lotussitz der Körper eines Tathagata [Buddha] und sandte hunderttausende überall sichtbare Lichtstrahlen aus. Da öffneten sich alle Lotusse zu voller Blüte" (*Tathagatagarbha-Sutra;* Quelle: Link[21]).

Der Buddha lässt die Lotusblüten daraufhin verfaulen, um zu zeigen, dass die innewohnende Buddha-Natur über den Körper und die Persönlichkeit aller fühlenden Wesen hinaus bestehen bleibt. Das primäre visionäre Bild aus leuchtenden Kern-Umkreis-Strukturen, also den Lotusblüten, wird damit durch ein anderes, ähnliches ersetzt, nämlich durch die Buddhas, die hier die Buddha-Natur symbolisieren. Das visuelle Erscheinungsbild dieser Buddhas oder „So-Gegangenen" (skr. *tathagata*) ist wiederum eine Kern-Umkreis-Struktur, nämlich ihr Körper, umgeben von einem Strahlenkranz.

*Buddhas in Strahlenkränzen senden Lichtstrahlen aus: Die fünf tran-
szendenten Buddhas oder Adibuddhas: Vairocana in der Mitte, umgeben von Akshobhya, Amitabha, Ratnasambhava und Amoghasiddhi.
Traditionelle nepalesische Kunst. Quelle: Link[22].*

Dieser Glanz oder Strahlenkranz um Buddhas und andere vollkommene Wesen oder Götter war bereits im frühen Buddhismus
ein Thema. Im Pali-Kanon wird er mit den Brahma-Göttern,

Weisheit und dem „hell leuchtenden" Geisteszustand assoziiert (Harvey 2013). Im Mahayana-Buddhismus werden insbesondere die fünf transzendenten Buddhas bzw. Adibuddhas und ihre Manifestationen als Licht emittierende Wesen dargestellt. Dies geschieht im Einklang mit der Vorstellung, dass der Körper eines Adibuddha der Dharma-Körper (skr. *dharmakaya*) ist. Insbesondere der in Ostasien populäre „Buddha des unermesslichen Lichtglanzes" (skr. Amitabha, jap. Amida nyorai) wird entsprechend dargestellt. Im *Pratyutpannasamadhisutra* (Quelle: Link[23]), evtl. 1. Jh. v. Chr., einem weiteren frühen Mahayana-Sutra, heisst es, sein Körper „strahlt helles Licht aus, das alles beleuchtet" (2). Auch Amitabhas Reich, das Reine Land Sukhavati, wird ähnlich wie die im Pali-Kanon genannte Stadt Kusavati als leuchtende Kern-Umkreis-Struktur beschrieben: das Paradies der Ruhe, Reinheit und Kontemplation ist „umkreist von sieben Reihen Gitter, sieben Reihen Netze und sieben Reihen Bäume, alle aus vier Arten wertvoller Juwelen gefertigt" (das kürzere *Sukhavativyuhasutra* (Quelle: Link[24]), übers. FT). Für die Anhänger von Amitabha gehört es zur religiösen Praxis, sich unablässig an den Namen dieses Buddha zu erinnern, um nach dem Tod in seinem Paradies wiedergeboren zu werden.

Ähnliche Bilder finden wir auch im *Lotus-Sutra* (skr. *Saddharmapundarikasutra*, ca. 2. Jh.). Diese zentrale Mahayana-Schrift, die für die Versöhnung der unterschiedlichen buddhistischen Wege (skr. *yana*) sowie für die Idee der universellen Buddhaschaft aller Lebewesen bekannt ist, ist die Grundlage der bedeutenden ostasiatischen „Schule des Lotus-Sutra" (chin. Tiantaizong; jap. Tendai-shu). Durch Kontemplation (skr. *samadhi*) erzeugt der ursprüngliche kosmische Buddha Shakyamuni und seine Manifestationen Visionen von vergangenen, gegenwärtigen oder zukünftigen idealen Buddha-Ländern oder Städten. Der Buddha Shakyamuni beispielsweise „sandte … einen Lichtstrahl aus dem Büschel weissen Haars zwischen seinen Augenbrauen aus, … der achtzehntausend Welten in östlicher Richtung aufleuchten liess" (*Lotus-Sutra* I (Quelle: Link[25]), übers. FT). Solche Visionen beinhalten Bäume, Böden, Terrassen, Türme Paläste und anderes aus

Edelmetallen, Edelsteinen und Juwelen (*Lotus-Sutra* I (Quelle: Link[25]); VI, XI, XVII). Dazu gehören auch himmlische Lotusblüten aus diversen edlen Materialien:

„[D]urch die Kraft des Samadhi … erschuf [der Bodhisattva Wunderbarer Klang] eine Juwelenpracht aus 84'000 Lotusblüten. Ihre Stängel waren aus Jambunada-Gold, ihre Blätter aus Silber, ihre Staubgefässe aus Diamanten, und ihre Kelche aus Kamshuka-Juwelen" (*Lotus-Sutra* XXIV (Quelle: Link[25]), übers. FT).

Auch Stupas sind Teil der Visionen: In der Vision des Buddha Shakyamuni werden nicht nur alle Wesen in den sechs Daseinsbereichen der achtzehntausend visionierten Welten sichtbar, sondern auch die Buddhas, die bereits in Nirvana eingegangen sind, sowie die „Stupas, geschmückt mit den sieben Schätzen (Edelsteine, Gold, Silber, Lapis Lazuli, Perlmutt, Achat, Perle und Karneol), die errichtet wurden für die Relikte dieser Buddhas." Die Stupas sind riesig und „zahlreich wie der Sand am Ganges, … mit Juwelen geschmückte Türme, erhaben und wunderbar" (*Lotus-Sutra* I (Quelle: Link[25]), übers. FT). Kapitel XI berichtet von einem „Stupa, geschmückt mit den sieben Schätzen, fünfhundert Yojanas hoch und zweihundertfünfzig Yojanas breit und tief. Sie erhob sich aus der Erde und schwebte in der Luft" (*Lotus-Sutra* XI (Quelle: Link[25]), übers. FT). Dieser Juwelen-Stupa ist der Stupa des Buddha Prabhutaratna (jap. Taho), der die Wahrheit des *Lotus-Sutra* bezeugt. Shakyamuni teilt darauf den Platz mit Taho im Stupa und hebt die versammelten Buddhas in die Luft.

Erleuchtungswesen im Strahlenkranz um die beiden Buddhas Shakyamuni und Prabhutaratna im Juwelen-Stupa. Szene aus dem Lotus-Sutra. Quelle: Link[26].

Solche Bilder haben weitere visionäre Szenen des Mahayana- und Vajrayana-Buddhismus inspiriert. In der Biografie des populären tibetischen Yogis Milarepa (1040-1123) beispielsweise werden in einer Vision nicht nur Lotusblüten am Himmel genannt, sondern auch Mandalas, Stupas und eine Caitya. Als Milarepa starb, so heisst es, manifestierten die Devas und Dakinis – Götter und weibliche tantrische Geistwesen – wundersame Erscheinungen:

> „Der unbewölkte Himmel erschien in prismatischen Farben vor dem Hintergrund von geometrischen Mustern, in deren Zentrum verschiedenfarbige Lotusse blühten, manche mit acht, andere mit vier Blütenblättern. Auf diesen Blütenblättern waren fabelhafte Mandalas zu sehen … Das Firmament enthielt viele wundersam getönte Wolken, die die Form majestätischer Schirme und Banner, Gardinen und Vorhänge und vieler anderer Verehrungsgegenstände annahmen. Aus dem Himmel regnete es Blüten. Wolken aus diversen Farben schmückten die Berggipfel und nahmen die Form von Stupas an, jede nach Chubar geneigt" (Evans-Wentz, übers. FT).

Nachdem der Leichnam von Milarepa kremiert worden war, trugen die Dakinis seine Asche in den Himmel und bildeten daraus die Form einer leuchtenden Kugel. Diese Lichtkugel teilte sich. Ein Teil wurde zu einem Lotus-Thron, der eine Sonnescheibe und eine Mondscheibe trug. Der andere Teil verwandelte sich in eine Chaitya-Halle aus Kristall, die fünffarbiges Licht ausstrahlte.

In den Visualisierungspraktiken des Mahayana- und des tantrischen Buddhismus werden solche Visionen und die darin enthaltenen Symbole zum Meditationsobjekt. Mit geschlossenen Augen stellen sich die Meditierenden innere Buddhas und ihre Kräfte, Bodhisattvas, Reine Länder, Bodhi-Bäume und Mandalas detailliert vor, bis sie sie als stabiles geistiges Bild sehen. Im Amitabha- bzw. Reines-Land-Buddhismus beispielsweise versuchen die Meditierenden, das Reine Land Sukhavati zu visualisieren, um dort wiedergeboren zu werden. Das *Amitayus-Meditations-Sutra* (Quelle: Link[27]), (evtl. 5. Jh.) leitet eine Serie aus sechzehn Visualisierungen des Reinen Landes von Amitayus (eine Form des Buddha Amitabha) an. So soll man sich Wasser vorstellen, das sich in Eis und dann in schimmernden Lapis Lazuli verwandelt und in alle acht Richtungen ausstrahlt. In jeder Richtung gibt es jeweils

„hundert Juwelen, jedes Juwel hat tausend Strahlen, und jeder Strahl hat
vierundachtzigtausend Farben, die … wie tausend Millionen Sonnen
strahlen. … Über die Oberfläche des Lapis-Lazuli-Grundes erstrecken
sich goldene Seile, die kreuzweise verflochten sind. Die Abschnitte werden aus Strängen aus sieben Juwelen gemacht, klar und deutlich. Jedes
Juwel hat Strahlen aus fünfhundert Farben, die wie Blumen oder wie der
Mond und die Sterne aussehen. Hoch oben im Himmel bilden diese
Strahlen einen Strahlenstupa mit zehn Millionen Stockwerken, gebaut
aus hundert unterschiedlichen Juwelen“ (*Amutayurbuddhanusmrti-Sutra*
II, 10, (Quelle: Link[27], übers. FT).

Ähnlich werden die Visualisierungen der Juwelen-Bäume, des
Throns von Amitabha und von Amitabhas Körper beschrieben. In
den Sechs Yogas des Naropa wiederum, einem Teil des höchsten
esoterischen Tantra des tibetischen Buddhismus, sollen die Meditierenden nicht nur den feinstofflichen Körper mit den Energiekanälen (skr. *nadi*) und den Energiezentren (skr. *cakra*) als Lotusblüten visualisieren, sondern auch heilige Wesen (Yidam) sowie
deren Welten in einem Mandala. Diese Mandalas sind Ausdruck
eines bestimmten Bewusstseins- oder meditativen Zustandes sowie bestimmter Charaktereigenschaften. Die Meditierenden identifizieren sich mit diesen Bildern und absorbieren ihre spirituellen
Qualitäten. Danach werden die Bilder losgelassen und aufgelöst,
um ihre Substanzlosigkeit zu realisieren. Diese Übung soll die
Einsicht fördern, dass auch die Alltagserfahrungen ohne Substanz
und eine reine Projektion des Bewusstseins sind.

Alle diese Beispiele zeigen, dass die genannten buddhistischen
Symbole nicht einfach nur Kern-Umkreis-Strukturen sind, die
Reinheit und Erleuchtung ausdrücken. Sondern es sind leuchtende
Objekte, die im Rahmen von mythischen Visionen erscheinen und
somit auch mit dem Sehen, mit Licht und dem Himmel assoziiert
sind. Insofern diese Bilder für Visualisierungspraktiken verwendet
werden, sind diese Symbole auch Meditationsobjekte und somit
assoziiert mit veränderten Bewusstseinszuständen. All das legt
den Gedanken nahe, dass diese Symbole nicht einfach nur deshalb
in Geschichten von Visionen und in Visualisierungen integriert
werden, um den Geist auf die damit verknüpften inhaltlichen Be-

deutungen einzustimmen. Sondern dass sie auch ein Ausdruck subjektiver visueller Lichterscheinungen sind, die während der Meditation auftauchen.

<h1 style="text-align:center">4</h1>

<h2 style="text-align:center">Die Leuchtstruktur in der meditativen Praxis</h2>

Ist die Leuchtstruktur ein bekanntes Phänomen oder sogar ein Konzentrationsobjekt in der buddhistischen Meditation?

Meditation soll das Bewusstsein in einen veränderten Zustand der tiefen Ruhe und Aufmerksamkeit versetzen, in dem transformative Einsichten und spirituelles Erwachen möglich werden. Nun kennt der Buddhismus eine Vielzahl an Meditationstechniken (Harvey 2013; Schlieter 2001; Schumann 2000). Meditation beginnt bereits mit der Achtsamkeit bei allen Verrichtungen im alltäglichen Leben (p. *satisampajanna*). Weiter geht die Beobachtung und Untersuchung innerer Vorgänge wie des Atems (p. *anapanasati*), der Gedanken, der Gefühle, oder auch die Betrachtung des Körpers (p. *satipatthana*). Daneben wird auch über äussere weltliche Gegenstände wie die Elemente meditiert. Auf diese Weise soll die Vergänglichkeit und Substanzlosigkeit aller Dinge erkannt werden. Dies wird unterstützt durch die meditative Vergegenwärtigung der Drei Juwelen – der Buddha, seine Lehre und die Gemeinschaft (p. *anussati*). Dann gibt es die „Unermesslichkeiten" (p. *appamanna*), in denen Gefühle der liebenden Güte, des Mitgefühls, der Mitfreude und des Gleichmuts entwickelt und in alle Richtungen ausgestrahlt werden. In den Visualisierungstechniken wiederum werden „Ganzheitsobjekte" (p. *kasinayatana*), d.h. Elemente und Farben vor dem geistigen Auge erzeugt und aufgelöst. Komplexer sind die tantrischen Visualisierungen ganzer bildlicher Szenen von Reinen Ländern und ihren Buddhas. Im Zen-Buddhismus werden hohe Aufmerksamkeitszustände und schliesslich die Erweckung durch Zazen erzeugt – die Meditation in korrekter Sitzhaltung – sowie durch die Überwindung des Denkens durch so genannte Koans, paradoxe Anekdoten.

Eine geläufige Unterscheidung in der traditionellen buddhistischen Meditation ist die „Beruhigung" (p. *samatha*) und die „unterscheidende Einsicht" (p. *vipassana*). Samatha ist die konzentrative Meditation, die aus dem indischen Yoga stammt. Es wird ein Objekt ausgewählt und konzentriert. Die dadurch zunehmende Achtsamkeit und Bewusstheit führt in immer subtilere Bewusstseinszustände. Traditionell werden vier Stufen oder „formhafte Versenkungen" (p. *rupa jhana*) in der Samatha-Meditation unterschieden. Dabei werden die Meditierenden sukzessive frei von sinnlichen Begierden, von diskursivem Denken und sogar vom Glücksempfinden, was schliesslich zur reinen Achtsamkeit und Gleichmut führt (*Digha Nikaya* I, 2; Quelle: Link[28]). Das Ziel liegt in der „Sammlung" (skr./p. *samadhi*) und in der ununterbrochenen Konzentration auf einen Punkt (p. *ekaggata*). Oft wird Samatha als Grundlage für die Einsichtsmeditation Vipassana geübt. Vipassana soll die wahre Natur der Realität ergründen. Durch Achtsamkeit werden die Meditationsobjekte in ihrer Leidhaftigkeit, Unbeständigkeit und Leerheit erkannt, was zu Weisheit (p. *panna*) führt.

Das buddhistische Heilsziel der Meditation liegt im „Verlöschen" bzw. Nirvana (p. *nibbana*), einem Zustand, in dem der Wiedergeburtenkreislauf durchbrochen wird und die Welt zu existieren aufhört. Doch auf dem Weg zu diesem Heilsziel begegnen den Meditierenden Anzeichen für den Fortschritt, die in buddhistischen Texten beschrieben werden. Dazu gehören die Entwicklung eines übersinnlichen Sehens und die Wahrnehmung von Lichterscheinungen.

Die allsehenden Augen Buddhas auf dem Bodnath-Stupa in Kathmandu, Nepal. Das dritte Auge auf der Stirn – der Ort, aus dem die Visionen des Dharma-Reiches projiziert werden – ist eine spätere Übernahme aus dem Hindu-Tantra. Ursprünglich wird hier eine Haarlocke (skr. urna) als eines der 32 Merkmale des Buddha beschrieben. Quelle: Link[29].

In der indischen Spiritualität werden das Auge und das Sehen oft mit einem intuitiven und visionären Wissen gleichgesetzt, das durch die spirituelle Praxis entwickelt wird (Harvey 2013; Gonda 1963). Auch in frühen buddhistischen Texten werden die Begriffe „sehen" und „Auge" verwendet, um das direkte und nicht-konzeptionelle Erkennen der buddhistischen Wahrheiten über die Leidhaftigkeit, Vergänglichkeit und Leerheit der Dinge anzuzeigen. Dies gilt beispielsweise für den im *Majjhima-Nikaya* (Quelle: Link[30]) geläufigen Ausdruck „Wissen-und-Sehen" (p. *nanadassana*, teils als „Wissensklarheit" übersetzt), mit dem der Buddha einen Anspruch auf die höhere Natur seiner Einsichten erhebt (z.B. 14, 71, 128). Ein anderes Beispiel ist das „Dharma-Auge" bzw. das „göttliche Auge" (p. *dibbacakkhu*). Dieses Auge ist eine der sechs spirituellen Kräfte (p. *abhinna*), die durch die Meditation erworben werden. Gemäss den *Jatakas* (Quelle: Link[31]) und der *Buddhacarita* (Quelle: Link[32]) erkennt der Buddha – und alle vollkommenen Wesen – mit dem Dharma-Auge die vergangenen, gegenwärtigen und zukünftigen Ereignisse eines jeden Lebewesens. Neben visionären oder intuitiven Einsichten wird dem spirituell entwickelten Auge aber auch die Wahrnehmung von übersinnlichen Lichterscheinungen zugesprochen. In diesem Sinn lässt sich folgende Erklärung des Buddha im *Upakkilesiya-Sutta* verstehen:

> „Zu einer Zeit, wo meine Sammlung (p. *samadhi*) eine bestimmte ist, ist da mein Auge (p. *cakkhu*) ein bestimmtes, und mit einem bestimmten Auge nehm' ich einen bestimmten Abglanz (p. *obhasa*) wahr und den Anblick bestimmter Umrisse (oder Formen, p. *rupa*); und wieder zu einer Zeit, wo meine Sammlung unermesslich ist, ist da mein Auge unermesslich, und mit dem unermesslichen Auge nehm' ich unermesslichen Abglanz wahr und den Anblick unermesslicher Umrisse: eine ganze Nacht hindurch, einen ganzen Tag hindurch, eine ganze Nacht, einen ganzen Tag hindurch" (*Majjhima-Nikaya 128;* Quelle: Link[33])

Diese Stelle bezeugt den Zusammenhang zwischen unterschiedlichen Bewusstseinszuständen, dem Sehen bzw. Auge sowie Licht und Formen, die offensichtlich nicht von irdischem Licht und von Materie abhängen. Auch an anderen Stellen des Sutta-Pitaka ist die Rede von Licht (p. *obhasa*) oder einem Leuchten (skr./p. *aloka*), das der Buddha in seiner Meditation erkannt hat, und das die Dinge mit einem „göttlichen Auge" zu sehen erlaubt (Gonda 1963). Zuweilen wird auch die Konzentration auf Licht nahegelegt. Im *Sangiti-Sutta* zählt der Buddha vier Arten der Sammlung auf. Davon soll die zweite nicht nur zur „höchsten Erkenntnis", sondern auch zu einem leuchtenden Bewusstsein führen:

> „Da, Brüder, richtet der Mönch seinen Geist aus auf die Vorstellung (p. *sanna*, d.h. Erkenntnis, wörtl. das „Mit-Wissen") des Lichts (skr./p. *aloka*), entschliesst sich zur Vorstellung des Tages, wie am Tag, so in der Nacht, wie in der Nacht, so am Tag. So, mit einem wachen und klaren Geist, einem grenzenlosen, kultiviert er das Gemüt, das mit Licht erfüllt ist" (*Digha-Nikaya 33;* Quelle: Link[34])

Ähnlich empfiehlt der Buddha dem ehrwürdigen Moggallana die Konzentration auf das Licht (skr./p. *aloka*), um seine Schläfrigkeit zu vertreiben (*Anguttara- Nikaya 7, 58;* Quelle: Link[35]) Zwar wird nicht spezifiziert, um welche Art von Licht es sich handelt. Doch die Aufforderung, dass das Licht auch in der Nacht gesehen werden soll, legt nahe, dass es sich um ein inneres Licht handelt.

Während die Wahrnehmung von Licht als Erscheinung und Objekt der Meditation also bereits im Pali-Kanon vorkommt, sind spätere Texte spezifischer. Frühe Meditationsanleitungen wie der *Vimuttimagga* (1. Jh.) und der *Visuddhimagga* (5. Jh.) beschreiben meditative Lichterscheinungen unter dem Begriff „Zeichen" oder „Bild" (p. *nimitta*). Nimittas sind Begleiterscheinungen bestimmter Konzentrationsübungen. Sie sollen bei der Atemmeditation, der Kasina-Meditation und der Meditation über die „Ekelobjekte" (p. *asubha*) erscheinen und gelten als mentale Abbilder des jeweiligen Konzentrationsgegenstandes. Ein Nimitta ist allerdings nicht nur ein visuelles Objekt, sondern kann auch ein Gefühl sein. Der Yogi, der erfolgreich über seinen Atem meditiert, so heisst es im *Vimuttimagga*,

> „sieht diverse Formen wie Rauch, Nebel, Staub, Goldsand, oder er erfährt etwas Ähnliches wie das Stechen einer Nadel oder den Biss einer Ameise" (Ehara u.a. 1961, übers. FT).

Er darf sich davon jedoch nicht ablenken lassen, sondern bleibt bei der Atmung und „erwirkt nicht das Aufsteigen anderer Wahrnehmungen". Ausführlicher ist der *Visuddhimagga*:

> „Während er [der Yogi] aber so der Übung hingegeben ist, tritt nach gar nicht langer Zeit das (geistige) ‚Bild' (p. *nimitta*) auf. Dieses ist jedoch nicht bei allen das Gleiche. … Dieses Bild tritt bei dem einen auf in Form eines Sternes, einer Kristallkugel oder einer Perle. Bei dem einen erscheint es wie der den Eindruck der Härte machende Baumwollsamen oder ein Bolzen aus Kernholz, bei dem einen wie eine lange Schnur oder eine Girlande oder eine Rauchsäule, bei dem einen wie ein auseinandergezogener Spinnfaden oder Wolkenstreifen oder eine Lotusblüte, ein Wagenrad, wie die Mondscheibe oder Sonnenscheibe" (*Visuddhimagga XIII;* Quelle: Link[36])

56

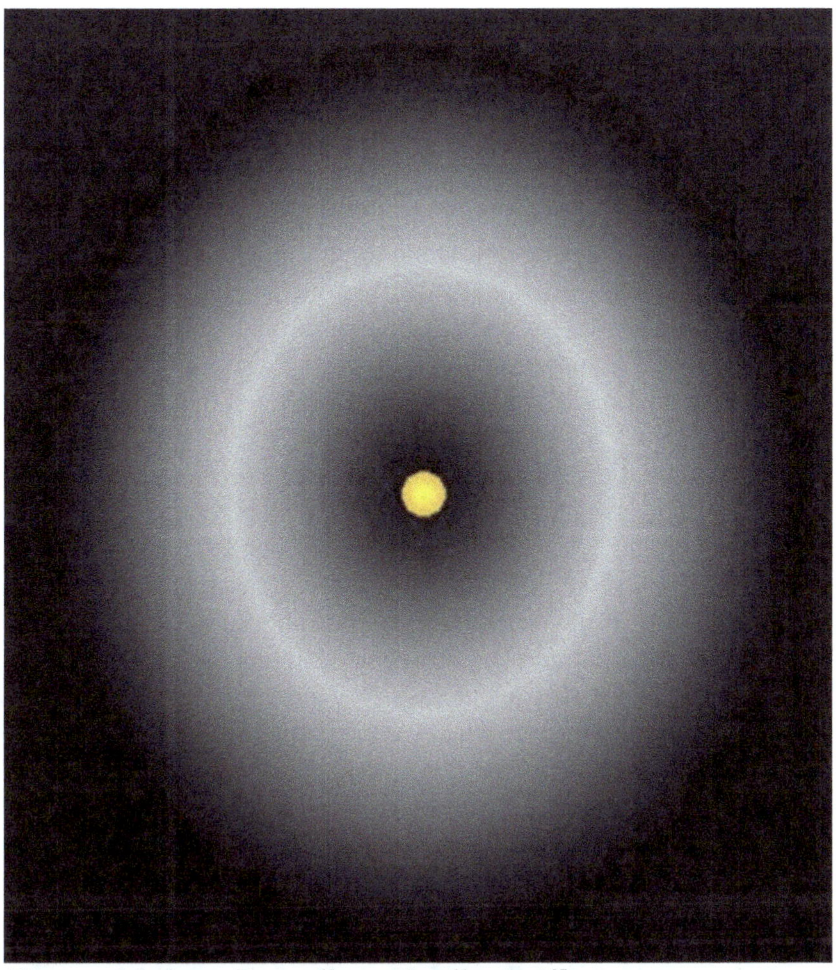

Nimitta. Moderne Darstellung. Quelle: Link[37].

Im Gegensatz zum *Vimuttimagga* ist das Nimitta des *Visuddhi-magga* nicht mehr nur eine zwar bestätigende, aber auch ablen-kende Erscheinung der Konzentration. Sondern es wird selbst zum Objekt, auf das konzentriert und meditiert werden soll, um die Versenkungsstufen (p. *jhana*) zu erreichen. Dabei intensiviert sich das Nimitta: Zu Beginn der Konzentration ist es kaum wahrnehm-bar (p. *parikamma-nimitta*, „Vorbereitungsbild"). Es wird dann deutlicher, ist aber noch unruhig (p. *uggaha-nimitta*, „aufgefasstes

Bild"). Bei hoher Konzentration ist es ganz klar und unbeweglich (p. *patibhaga-nimitta*, „das Gegenbild") (Harvey 2013; Nyanatiloka 1952). Im Einklang mit dem *Visuddhimagga* empfehlen Meditationslehrer, die visuellen Nimitta zunächst zu ignorieren und weiter auf den Atem oder das Kasina zu achten. Denn zu Beginn sind die Nimitta zu unbeständig und verschwinden, wenn man sich auf sie konzentriert. Erst wenn die Lichter so klar, leuchtend und beständig erscheinen, dass sie nicht mehr ignoriert werden können, soll der Meditierende sich darauf konzentrieren und das Licht schrittweise ausdehnen, bis alles von diesem Licht ausgefüllt ist (Brasington 2015; Brahmavamso 2011; Sayadaw 2000).

Die Bedeutung dieses meditativen Lichts ist allerdings umstritten. So wird beispielsweise angezweifelt, ob es sich bei diesem Licht tatsächlich um eine visuelle Wahrnehmung handelt. Im Nimitta-Sutta des Pali-Kanons steht der Begriff Nimitta nicht für ein Licht, sondern für die drei Geistesübungen der Sammlung (skr./p. *samadhi*), der Anstrengung (p. *paggaha*) und des Gleichmuts (p. *upekkha*). Es heisst aber auch, dass der Geist der Meditierenden leuchtend (p. *pabhassara*) wird, wenn sie diese drei Übungen ausgewogen in ihre Praxis integrieren (*Anguttara-Nikaya 3, 103;* Quelle: Link[38]). Dieses Leuchten des Geistes könnte später auf das Nimitta übertragen worden sein, das dadurch zu einem konkreten visuellen Objekt wurde (vgl. Soma 2000; Sayadaw 1996). Wo hingegen das meditative Licht als visuelle Erfahrung akzeptiert wird, wird über seine Bedeutung debattiert. Ist dieses Licht nur eine begleitende, aber irrelevante Erscheinung, oder handelt es sich um das ursprünglich leuchtende Bewusstsein (skr./p. *citta*) und damit um eine potenziell erlösende Erkenntnis? Wie gezeigt stehen Licht und Bewusstsein bereits in den Suttas in engem Zusammenhang. Im *Digha-Nikaya* ist mehrmals die Rede vom „leuchtenden Bewusstsein" (p. *pabhassara-citta*). Und im *Anguttara-Nikaya* erklärt der Buddha:

„Leuchtend (p. *pabhassara*), ihr Mönche, ist dieses Bewusstsein; doch es wird verunreinigt von hinzukommenden Befleckungen. Leuchtend, ihr Mönche, ist dieses Bewusstsein; und es ist frei von hinzukommenden Befleckungen" (*Anguttara-Nikaya* 1, 10; Quelle: Link[39])

Diese Stelle kann so verstanden werden, dass das Licht des Bewusstseins von Anfang an vorhanden ist. Meditation erzeugt nicht das Licht, sondern löst lediglich die verdunkelnden Befleckungen auf, damit das Licht zum Vorschein kommen kann. Doch manche Theravada-Buddhisten lehnen das ursprüngliche Leuchten des Bewusstseins im Pali-Kanon als nachträgliche Hinzufügung ab. Und während die Wahrnehmung von Licht in meditativen Zuständen zwar bezeugt wird, gilt sie nicht als heilsbringendes Ziel, sondern als Ausgangspunkt für weitere Praktiken, insbesondere für Vipassana (Analayo 2017). Mehr noch: dieses Licht kann wiederum zum Hindernis für den weiteren Fortschritt werden. Der *Visuddhimagga* beispielsweise nennt unter den zehn „Trübungen", die während Vipassana aufsteigen, auch den Lichtglanz (p. *obhasa*):

> „Während der Hellblickbeflissene die Dinge als vergänglich betrachtet, steigt in ihm ein Lichtglanz (p. *obhasa*) auf. Der Übende aber merkt auf diesen Lichtglanz, indem er ihn für den rechten Pfad hält. Die Zerstreutheit dadurch gilt als Unruhe. Im Geiste aber von jener Unruhe ergriffen, erkennt er nicht wirklichkeitsgemäss das Aufmerken auf die Dinge als vergänglich ... elend ... unpersönlich. ... Sein eigenes ursprüngliches Übungsobjekt fahren lassend, sitzt er da und erfreut sich bloss noch am Lichtglanze" (*Visuddhimagga* XX, 7; Quelle: Link[40]).

So gesehen ist das in der Meditation wahrgenommene Licht zwar ein Zeichen des Fortschritts, aber auch ein vergängliches Phänomen, das mit dem wahren Weg verwechselt werden könnte. Wenn die im *Visuddhimagga* erläuterten sieben Reinigungen durchgeführt werden, wird Nirvana nicht nur als etwas „Zielloses" (p. *appanihita*) und „Leeres" (p. *sunnata*) erfahren, sondern auch als „Zeichenloses" (p. *animitta*) – und somit auch als Lichtloses, insofern das Zeichen, Nimitta, mit dem Licht identifiziert wird (Harvey 2013).

Im Mahayana-und Vajrayana-Buddhismus hingegen ist das ursprünglich reine und leuchtende Bewusstseins ein zentraler Gegenstand der Lehre und ein Objekt der befreienden Erkenntnis und Vision. Es wird mit den Konzepten *bodhicitta, tathagatagarbha* und *dharmadhatu* identifiziert, also mit dem Erleuchtungsbewusstsein, der Buddha-Natur und dem Dharma-Reich – und damit mit der höchsten essentiellen Realität (vgl. Analayo 2017; Buswell 2004: *Bodhicitta; Consciousness, Theories of; Tathagatagarbha*). Dies bedeutet jedoch nicht zwingend, dass das anfängliche meditative Licht damit in Verbindung gebracht und als Meditationsobjekt eingesetzt wird. Im Zen-Buddhismus beispielsweise sollen die Meditierenden auftauchende Lichterscheinungen oder Visionen durch Blinzeln entfernen. Auch hier geht es darum, nicht an solchen Wahrnehmungen zu haften, sondern die Aufmerksamkeit ganz auf das Sitzen oder das Koan zu lenken (Harvey 2013).

Im tantrischen Buddhismus hingegen lässt sich die Verbindung der anfänglichen Lichter zum leuchtenden Bewusstsein besser feststellen, und zwar über den Begriff des „Tropfens" oder „Samens" (skr. *bindu*; tib. *thig le*). Einer der Sechs Yogas des Naropa (11. Jh.) ist der „Yoga des Klaren Lichts". Dieses klare Licht soll in der Nacht während eines leichten Schlafes gesehen werden. Der Yogi visualisiert die Silbe Hum im Herzzentrum – die Quelle dieses Lichts – und konzentriert sich auf die Mantras auf dessen Blütenblättern. Mit zunehmender Müdigkeit sollen sukzessive die vier Lichter oder Leerheiten erscheinen, von den trüberen Lichtern bis zum höchsten, klaren Licht des Bewusstseins (Chang 1986). Dieses klare Licht wird auch mit dem Tiefschlafkörper gleichgesetzt und als leuchtender „Tropfen" (Bindu) beschrieben, der sich im mittleren Energiekanal bewegt und im Herz-Chakra ruht. Der tibetische Lama und Nyingma-Linienhalter Düdjom Lingpas (1835-1904) wiederum nennt in seiner Schrift *Neluk Rangjung* (dt. „Diamant-Essenz") neben „Lichtern" auch „Bindus" als Erscheinung (tib. *nyam*), die im Zuge der Samatha-Meditation auftaucht (Wallace 2011). Die konzentrative Samatha-Meditation gilt hier als Grundlage für die Dzogchen-Praktiken, welche ihrerseits eine Reihe von Visionen beinhalten, die als das klare Bewusstseinslicht gelten und ebenfalls in der Form der „Tropfen" erscheinen (siehe

60

unten: Dzogchen). Im Vajrayana können der Sanskrit-Begriff
„Bindu" bzw. das tibetische Äquivalent „Thigle" also beides sein:
die anfänglichen meditativen Lichter und das leuchtende Bewusstsein – Erstere wären dann frühe, noch unausgereifte Erscheinungen des Letzteren.

5
Die Leuchtstruktur: Augentrübung oder leuchtendes Bewusstsein?

Gemäss diesen buddhistischen Quellen erzeugt Meditation – insbesondere konzentrative Meditation – innere Lichterscheinungen, die von den Meditierenden wahrgenommen werden. Diese Lichterscheinungen können generell als entoptische Phänomene identifiziert werden. Erwiesenermassen wird durch Meditation bzw. Konzentration die Hemmung von Nervenzellen gesenkt und damit deren Aktionspotenziale und Signalübertragung erhöht, was innere Lichterscheinungen intensiviert (Brasington 2015; Nicholson 2006).

Die Frage aber ist, ob es sich hierbei um die Kugeln und Fäden der Leuchtstruktur handeln könnte, und ob diese Lichterscheinung – über den oben erwähnten Begriff des „Bindu" hinaus – eine Kontinuität mit dem „leuchtenden Bewusstsein" (p. *prabhassaracitta*) aufweist, von dem der Buddha im Pali-Kanon spricht, und das in Verbindung mit dem Konzept der Leerheit im Mahayana- und Vajrayana-Buddhismus zentral wurde. Meines Erachtens trifft beides zu. Die Leuchtstruktur ist das verbindende Element zwischen der anfänglichen meditativen Lichterscheinung und dem klaren Bewusstseinslicht.

Während die meditativen Lichterscheinungen im Pali-Kanon unspezifisch bleiben, werden die Nimitta im *Vimuttimagga* und *Visuddhimagga* teilweise als Goldsand, Kristallkugeln, Perlen, Schnüre, Scheiben, Lotusblüten, Räder und Tropfen beschrieben, was die Formen – und im Fall der Edelsteine auch das Leuchten – der Leuchtstruktur gut wiedergibt. Dieselben Schriften charakterisieren die visuellen Nimitta aber auch als Rauch, Nebel, Staub oder Wolke. Dies lässt sich als „Energiefeld" der Leuchtstruktur interpretieren (Tausin 2012a). Damit sind weisse oder farbige Flecken und Muster im Sehzentrum gemeint, die in der westlichen Physiologie als „Phosphene" bezeichnet werden. Doch diese Lichter, die wie im Fall der buddhistischen Samatha-Meditation am besten mit geschlossenen Augen und bei höherer Bewusstseinsintensität wahrgenommen werden, enthüllen sich bei aufmerksamer Beobachtung als Lichtwolken mit jenen intensiven und stabilen Leuchtstruktur-Kugeln im Zentrum, die zu den hinteren Schichten des Bewusstseins gehören (vgl. Tausin 2010c).

Das „leuchtende Bewusstsein" wiederum ist, wie erwähnt, ein Äquivalent für die Buddha-Natur, den Dharma-Körper, die Reinen Länder oder das Dharma-Reich. Und wie oben gezeigt projizieren die Buddhas diese Realität während ihrer meditativen Versenkung aus ihrem Körper, oft aus der Stelle zwischen den Augenbrauen. Diese Welten bestehen aus leuchtenden bildlichen oder abstrakten Formen, die zugleich traditionelle buddhistische Symbole sind: Lotusblüten, Räder, Schnüre oder Strahlennetze, Edelsteine oder Juwelen und andere. Es sind weitgehend dieselben Formen und Symbole, die auch zur Beschreibung des meditativen Lichts im *Visuddhimagga* verwendet werden. Sowohl im Fall des meditativen Lichts, wie auch in jenem des leuchtenden Bewusstseins, haben wir es also – abstrakt betrachtet – mit leuchtenden und vereinzelten oder zusammenhängenden Kern-Umkreis-Strukturen zu tun, die in veränderten Bewusstseinszuständen und durch einen übersinnlichen Sehsinn gesehen werden. All dies passt mit dem Sehen der Leuchtstruktur überein (Tausin 2006b).

Es gibt aber noch einen zweiten Hinweis darauf, dass es sich beim leuchtenden Bewusstsein um die Leuchtstruktur handelt: eine Augentrübung. In manchen buddhistischen Schriften wird eine Art von Augentrübung genannt, die eine Metapher für die illusionäre Wahrnehmung, aber auch ein Ausdruck des leeren und leuchtenden Bewusstseins sein kann.

Buddhistische Denker haben – ähnlich wie westliche Philosophen
(z.B. Herbert 1998; Borst 1970; Strong 1922) – zuweilen auf Sehstörungen zurückgegriffen, um ihre Positionen bei Fragen über die
Natur der Wahrnehmung und Erkenntnis zu verdeutlichen. Im
Samdhinirmocana-Sutra (1-3. Jh.) beispielsweise, ein Grundla-
gentext für die Yogacara-Schule, werden drei „Naturen" (skr.
svabhava) der Phänomene unterschieden: die „unterstellte" Natur,
d.h. die illusionäre mentale Konstruktion der Welt; die „anders-
abhängige" Natur, d.h. die Erkenntnis, dass die Objekte durch ihre
dauernde Veränderung und gegenseitige Bedingung relativen
Charakter haben; sowie die „absolut realisierte" Natur, d.h. das direkte Wissen über die Welt als reine Repräsentation und Leerheit.
Diese Naturen werden folgendermassen veranschaulicht:

> „So kann, Gunakara, der unterstellte Charakter (der Phänomene) als
> Störung der getrübten Sicht in den Augen eines Menschen mit getrübter
> Sicht verstanden werden. Der anders-abhängige Charakter der Dinge,
> Gunakara, soll wie die Erscheinung der Manifestationen der getrübten
> Sicht in jenem Menschen begriffen werden, Manifestationen, die als ein
> Netz von Haaren, Insekten oder Sesamsamen erscheinen. … Und der
> absolut realisierte Charakter, Gunakara, ist beispielsweise wie der un-
> fehlbare objektive Bezug … wenn die Augen dieses Menschen rein und
> frei von den Störungen der getrübten Sicht geworden sin d" (*Samdhi-
> nirmocana-Sutra*, Kap. 6, Quelle: Link[41]; übers. FT).

Der Übersetzer erklärt, dass der Ausdruck „getrübte Sicht" (skr.
timira tib. *rab rib*) mehrere Augenstörungen umfassen kann.
Meist werden entweder der Katarakt oder aber das Sehen von
Punkten und Linien im Gesichtsfeld, also die Mouches volantes,
in Betracht gezogen (Powers 1995). Auch Vasubandhu (4. Jh.), einer der Gründer der Yogacara-Schule, nennt diese Erscheinung.
Yogacarins sind bekannt für ihre Position, dass sich alles, was wir
erfahren, ausschliesslich in unserem Bewusstsein abspielt. In seinen *Zwanzig Versen* erklärt Vasubandhu:

> „Die Realität ist nur Bewusstsein. … Verstand, Denken, Bewusstsein
> und Wahrnehmung sind Synonyme … Natürlich erkennen wir an, dass
> mentale Repräsentationen mit äusseren (nicht-mentalen) Objekten

64

scheinbar zusammenhängen. Doch dies ist nicht verschieden von Situationen, in denen Menschen mit Sehstörungen Haare, Monde und andere Dinge ‚sehen‘, die nicht da sind" (*Vimshatika-Karika* 1, Quelle: Link[42], übers. FT).

Die nicht-existierenden Objekte wie „Haare" oder „Monde" im getrübten Auge sollen dem Betrachter also aufzeigen, dass grundsätzlich keine äusseren, vom Bewusstsein unabhängigen Objekte existieren. Diese „Dinge, die nicht da sind" wurden ebenfalls teils als Katarakt, teils als Mouches volantes verstanden (z.B. Liu 2006).

Die Texte der Madhyamaka wiederum, der Mahayana-Schule des Nagarjuna (2. Jh.), betonen die Leerheit (skr. *shunyata*) aller Erscheinungen. Auch hier wird das Verhältnis der konventionellen Welt zur höchsten Realität verglichen mit dem Mouches volantes-Sehen (skr. *timira*) im Verhältnis zum ungetrübten Sehen, wobei der ungetrübte Raum mit der Leerheit gleichgesetzt wird (Tillemans 2016). Der Madhyamaka-Kommentator Candrakirti (7. Jh.) beispielsweise nennt in seinem Hauptwerk *Eintritt in den Mittleren Weg* das Beispiel eines Mannes, der als Folge seiner Sehstörung (skr. *timira*) Haarsträhnen auf einer weissen Vase sieht. Er will die Strähnen von der Vase entfernen, aber ein anderer Mann ohne Mouches volantes sieht keine Strähnen und klärt ihn über seinen Irrtum auf. Der tibetische Gelehrte Konchog Jigme Wangpo (18. Jh.) nimmt dieses Beispiel in seine Enzyklopädie *Ein Fest für den intelligenten Geist* auf. Zusammen mit elf anderen Illusionen sollen die Mouches volantes die Natur der Leerheit erläutern und Einsicht in das Verhältnis zwischen Realität, Erscheinung, Wahrnehmung, Täuschung und Illusion geben. Auch hier ist die Aussage: So wie der Mann, der keine Mouches volantes hat, die Haarsträhnen als Sehstörung erkennt, erkennen die Buddhas unsere vertraute Wahrnehmung der Welt als Sehstörung, die durch Unwissenheit entsteht. Ihr ungetrübter Blick lässt sie die Leerheit aller Dinge sehen und dadurch das Leiden aufheben. Der Übersetzer von Wangpos Werk merkt an, dass die Mouches volantes ein besonders gutes Anschauungsbeispiel dafür sind, weil ihre Erscheinung durch einen Willensakt unterbunden bzw. ignoriert werden kann – wie die vielen Menschen bezeugen, die ihre Mouches volantes ignorieren und sich somit nicht gestört fühlen (Westerhoff 2010).

Ähnlich klingt es im *Shurangama-Sutra* (Quelle: Link[42]) evtl. 1. Jh., einem Mahayana-Sutra unbekannten Ursprungs, das insbesondere die Zen-Lehre beeinflusst hat. Hier ist jedoch nicht von Haarsträhnen oder Monden die Rede, sondern von „Blumen im Himmel" (skr. *ambarapushpa* oder *gaganakusuma*). Dies ist eine von mehreren Metaphern für illusionäre Wahrnehmungen, die, so heisst es, durch eine Verzerrung oder Anspannung des Bewusstseins zustande kämen (V, 3; V, 4; VI, 3; IX, 13):

> „Eine Person mit einer Augentrübung sieht ein Trugbild von Blumen im Himmel, aber wenn die Krankheit geheilt wird, verschwinden die Blumen, die er am Himmel sah" (*Shurangama-Sutra* IV, 2; Quelle: Link[43], übers. FT).

Dasselbe Sutra relativiert aber bereits die simple Gleichsetzung von Himmelsblumen und Augentrübung. So erklärt der Buddha:

> „Eine klarsichtige Person schaut in den Himmel, wo nichts als leerer Raum gesehen werden kann. Nimm an, dass diese Person zu starren beginnt, ohne die Augen zu bewegen. Wenn die Augen angespannt sind, beginnt die Person im leeren Raum eine chaotische Anordnung von Blumen zu sehen, zusammen mit anderen Bildern, die chaotisch und ohne reale Eigenschaften sind. Du solltest wissen, dass die Gruppe der Körperlichkeit [skr. *rupaskandha*, eine der fünf Daseinsgruppen] ähnlich beschrieben werden kann. Diese chaotische Sammlung von Blumen, Ananda, entsteht nicht im Raum, und auch nicht in den Augen der Person" (*Shurangama-Sutra* III, 1; Quelle: Link[43], übers. FT).

Mit anderen Worten: So wie für den Starrenden illusorische Blumen am Himmel erscheinen, erscheint für den Unverständigen die illusorische materielle Welt. Die Himmelsblumen wie auch die Welt sind aber keine Trübung der Augen, noch des Raums, sondern eine des Bewusstseins. Anstelle der Himmelsblume oder der

Welt erkennt der Erwachte, dessen Bewusstsein ungetrübt ist, die leuchtende Buddha-Natur, und damit den wahren Geist eines jeden Menschen.

Blumen im Himmel – eine Illusion? Fotografie. Quelle: Link[44].

Dieses Verständnis der Himmelsblume nicht als Augentrübung, sondern als veränderbare Bewusstseinserscheinung wurde von Dogen Kigen (1200-1253) vollendet, dem Zen-Meister und Begründer der japanischen Soto-Schule. Dogen widmet sich der Himmelsblume (jap. *kuge*, mitunter auch übersetzt als „Blumen im Raum", „Blumen der Leerheit" oder „leere Blüten") in einem gleichnamigen Text in seinem Hauptwerk *Shobogenzo* (Ohashi/ Elberfeld 2006). Hier schreibt er:

„Sie [die Menschen] verstehen nur, dass die Himmelsblumen aufgrund
einer Trübung in den Augen existieren; sie verstehen nicht die Wahrheit, dass die Trübung in den Augen aufgrund des Umstands der Himmelsblumen existieren" (*Shobogenzo* 43).

Himmelsblumen sind hier ein Sinnbild für die spirituellen buddhistischen Wahrheiten: Dharma, Leerheit, Dharma-Auge, Nirva-
na-Bewusstsein oder Dharma-Körper. Die „getrübten Augen" sind
der Ort, wo sich die leere Blüte öffnet und „herabwirbelt", gemäss
dem Zen-Patriarch Kishu, den Dogen aus dem *Keitoku Dentoroku*
– einer Sammlung von Biografien der Patriarchen des Chan/Zen,
11. Jh. – zitiert. Hierzu kommentiert er:

„Das jetzt von Kishu geäusserte Wort, ‚Gibt es eine krankhafte Trübung
im Auge, so wirbeln die leeren Blüten herab', erfasst den Buddha be-
wahrenden [Buddha]. Da es so ist, soll man wissen, dass das Herabwirbeln der Blüten der Augentrübung das volle Erscheinen all der Buddhas
ist und die Blüten und Früchte der leeren Augen das Bewahren all der
Buddhas sind" (*Shobogenzo* 43).

Das Herabwirbeln der Himmelsblumen ist die Vergegenwärtigung
der Buddhas bzw. der spirituellen Wahrheiten. Doch Menschen
mit einer „Augentrübung" erfahren diese Wahrheiten, diese Himmelsblumen, als weltliche Lebensrealitäten – auch wenn sie in
Wahrheit nichts anderes als den Dharma erfahren. Denn die Himmelsblumen sind die Ursache der Welt und damit auch der Augentrübung. Das ungetrübte Auge jedoch erkennt die wahre Natur
der Himmelsblumen als spirituelle Wahrheiten, die aus dem
Nichts entstehen, sich entfalten und „herabwirbeln".

Damit geht Dogen einen Schritt weiter als das Shurangama-Sutra:
Die Himmelsblumen sind nicht nur keine Trübung der Augen. Sie
sind auch keine Trübung des Bewusstseins, die es zu beseitigen
gilt, um den Raum klar und leer zu sehen. Die Trübung des Bewusstseins – oder „Augentrübung" – ist der Grund, weshalb Menschen anstelle der Himmelsblumen die Welt erkennen. Die Himmelsblumen jedoch sind die eigentliche Wahrheit, die es zu realisieren gilt – die Buddha-Natur, der Dharma-Körper, das Dharma-

Reich, letztlich also das leere, leuchtende Bewusstsein. Damit hat Dogen ein Verständnis der Himmelsblume entwickelt, die mit der seherischen Lehre von der Leuchtstruktur übereinstimmt (Tausin 2007). Es bleibt unklar, ob Dogen dieses Verständnis durch philosophische und meditative Einsichten entwickelt hat, oder ob er direkt vom Sehen der Leuchtstruktur inspiriert war. Doch selbst wenn Dogen kein Seher gewesen sein sollte, lässt sich für seine Himmelsblume eine seherische Grundlage annehmen. Einerseits hat sich die Himmelsblume aus einer Augentrübung – den Mouches volantes – entwickelt, die als frühe Stufe des Sehens der Leuchtstruktur verstanden werden kann (Tausin 2006b). Andererseits identifiziert Dogen die Himmelsblume mit dem leeren leuchtenden Bewusstsein, das sich in den Visionen des Mahayana-Buddhismus – wie gezeigt – stets durch himmlische leuchtende Kern-Umkreis-Strukturen auszeichnet und eine bildliche Vision der Leuchtstruktur darstellen könnte. Es ist die Bewusstseinsintensität des Betrachters, die entscheidet, ob diese visuelle Erscheinung als Augentrübung oder als Bewusstseinslicht wahrgenommen und verstanden wird.

6
Das Sehen der Leuchtstruktur in der Grossen Perfektion (Dzogchen)

Bisher haben wir vorwiegend die Kunst und die Texte des Theravada- und Mahayana-Buddhismus betrachtet und mehrere Hinweise auf die Leuchtstruktur gefunden. In einer bestimmten Lehrtradition des tantrischen Buddhismus in Tibet hingegen finden wir Entsprechungen, die kaum noch einen Zweifel offen lassen, dass die Leuchtstruktur in der Geschichte des Buddhismus präsent war und ist.

Im tibetischen Buddhismus des 11. und 12. Jh. verbreiteten sich zwei visionäre Praktiken, die zur Wahrnehmung und Interpretation entoptischer Erscheinungen beigetragen haben: einerseits der wochenlange Rückzug in dunkle Räume, andererseits der aufmerksame Blick in den Himmel. Beide bauten auf vorhandenen tantrischen Praktiken auf, so den Visualisierungen von Buddhas, von Mandalas und des subtilen Energiekörpers mit Chakras und Nadis (vgl. Dahl 2009). Beide visionäre Praktiken werden teilweise auch aus älteren buddhistischen Werken wie dem *Prajnaparamitasutra* (8000-Zeilen-Version, ca. 1. Jh. v. Chr.) abgeleitet oder als „Schätze" (tib. *terma*) früherer Meister „wiederentdeckt" und damit legitimiert. Es waren insbesondere zwei Traditionen, die diese Praktiken intensiv nutzten: die Lehre der „Zeit des Rades" (skr. *kalacakra*), die hauptsächlich von den Kagyü-, Sakya- und Gelug-Schulen gelehrt wird, sowie die „Grosse Perfektion" (tib. *dzogchen*), eine Praxis der Nyingma-Schule und der Bön-Religion. Die Lehrsysteme und Praktiken von Kalachakra und Dzogchen sind sehr ähnlich, der Einfachheit halber soll hier auf die im Westen bekanntere Richtung, Dzogchen, fokussiert werden (Hatchell 2014).

Das Symbol für Dzogchen. Das tibetische „A" in einem Regenbogen-kreis (tib. thig le). Quelle: Link[45].

Im tibetischen Vajrayana-Buddhismus gilt Dzogchen als „höchster Yoga" (skr. *atiyoga*) und als Essenz der Lehren des Buddha und der traditionellen Heilswege oder „Fahrzeuge" (skr. *yana*). Die Lehre liegt heute in zahlreichen Schriften niedergelegt vor. Diese Schriften werden in drei Gruppen oder Serien zusammengefasst, die unterschiedliche Aspekte und Zugänge zum höchsten Ziel, der „innersten wahren Natur" (skr. *vidya*, tib. *rig pa*) des Geistes (skr. *citta*, tib. *sem*), betonen. Die visionären Praktiken werden in der dritten dieser Serien, den Mengagde-Texten, behandelt. Ihre „Herz-Essenz" (tib. *nyingthig*), der innerste und höchste

Lehrzyklus für die begabtesten Praktizierenden, besteht aus einer Sammlung von „Siebzehn Tantras". Hier geht es darum, die strahlende Klarheit des reinen Bewusstseins, also die Buddha-Natur, als visuell wahrnehmbares Licht zu erkennen. Im Folgenden liegt der Fokus auf diesen Übungen und Visionen (Harvey 2013; Reynolds 1996; Germano 1992).

Die Praxis

Für die Praxis von Dzogchen werden die tantrischen Übungen der Erzeugungsstufe (skr. *utpatti-krama*) und der Vollendungsstufe (skr. *nishpanna-krama*) – also diverse Visualisierungen und Yogas – vorausgesetzt oder parallel zu den Dzogchen-Praktiken geübt (Van Schaik 2004). Die Dzogchen-Praktiken selbst lassen sich unterscheiden in das „Durchtrennen" (tib. *trekchö*) und die „direkte Transzendenz" (tib. *tögal*). Trekchö sind vorbereitende Meditationen um die Bindungen des Geistes zu „durchtrennen" und ein stabiles und klares Bewusstsein zu erzeugen. Das Verharren in diesem Bewusstsein befähigt zu Tögal, der direkten Vision des Bewusstseins als klares Licht. Dazu werden spezielle Stellungen des Körpers und der Augen (Chagme 2000) gelehrt. Als Hilfsmittel dient der Blick in eine Lichtquelle wie das Sonnenlicht, das Mondlicht, das künstliche Licht einer Lampe oder auch die Reflexionen an Kristallen oder anderen Materialien.

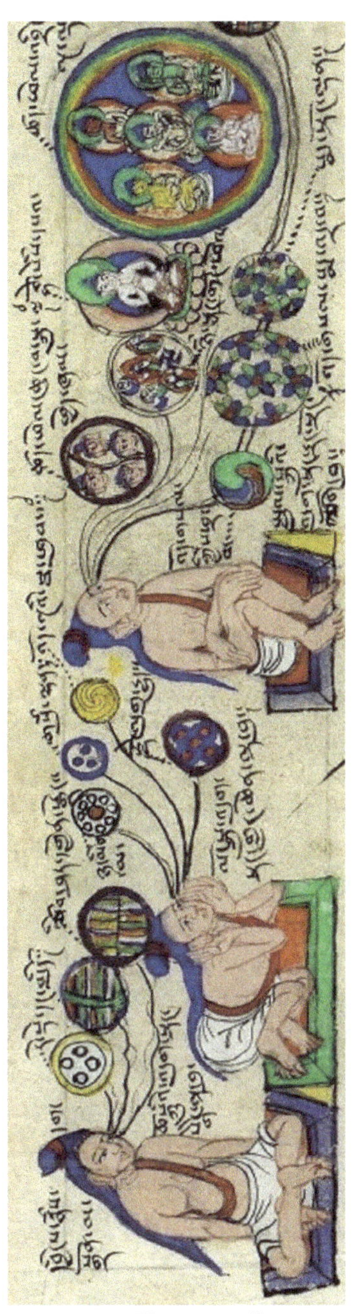

Yogis in den drei angewiesenen Körperstellungen und ihre Tögal-Visionen. Bildherkunft unbekannt. Quelle: Link[46].

In diesen Positionen lassen die Yogis ihre Gedanken kommen und gehen, ohne daran zu haften oder sie zurückzuweisen. Mit der Zeit soll sich der Gedankenfluss beruhigen, so dass sich die wahre Natur des Geistes manifestieren kann. Anzeichen dafür sind visuelle Lichterscheinungen, die spontan aufsteigen und sich mit der Zeit – über Tage oder Wochen – entwickeln (Hatchell 2014; Reynolds 2006; Germano 1992).

Die Visionen

Gemäss den Siebzehn Tantras entwickeln sich diese Lichterscheinungen über vier Stufen des Sehens (Hatchell 2014; Esposito 2008; Scheidegger 2007; Reynolds 2006, 1996; Germano 1992):

1) Die Vision der Unmittelbarkeit des Bewusstseins

Zunächst steigen Lichter auf, die durch das Schauen auf Lichtquellen oder durch physischen Druck auf die Augen stimuliert werden. In den Dzogchen- und Kalachakra-Texten werden sie teilweise als konkrete Erscheinungen wie Rauch, Butterlampen, Flammen, Monde oder Sonnen, Throne, Wolken, Wind, Häuser, Öfen, Stupas oder Vorhänge charakterisiert, daneben aber auch als abstrakte Erscheinungen wie fünffarbige Regenbogenlichter oder Stick-, Schachbrett- und andere Muster (Hatchell 2014; Baker 2000). Am häufigsten und wichtigsten sind jedoch zwei abstrakte Erscheinungen, nämlich die Thigle oder „Tropfen" (skr. *bindu*; tib. *thig le*) und die „diamantenen Fäden aus Lämmern" (tib. *dorje lugu gyü)*, oft auch einfach Diamantfäden oder Diamantketten genannt.

74

Tögal-Symbole als erste Lichtvisionen, die der Dzogchen-Lehrer Tenzin Wangyal Rinpoche zu Beginn seines 49-tätigen Dunkelretreats gesehen hat. Nach der zweiten Woche entstanden Visionen, die der konkreten Realität ähneln, so Gesichter, Personen, ganze bewegte Szenen. Quelle: Tenzin 1993.

Im Kommentar über die *Beabsichtigte Bedeutung der Sechs Lampen* beschreibt der Bön-Kommentator Drugyalwa (Drugom Gyalwa Yungdrung, 13. Jh.) diese Erscheinungen folgendermassen:

> „Nun erscheinen in dem Leuchten kristallfarbene Thigle des Bewusstseins, wie kleine Erbsen. Und dann gibt es grössere Erscheinungen mit zwei oder drei oder mit vielen verbundenen [Thigle]. Zudem sind da die Bewusstseinskerne, genannt ‚Halsketten von Samenkernen‘, ähnlich wie Silberfäden oder weisse Seidenschnüre, auf denen Thigle wie Erbsen oder Körner aneinandergereiht sind, [ähnlich] wie Girlanden“ (zitiert nach Hatchell 2014, übers. FT).

Diese Visionen, heisst es weiter, seien wie Wasser, das von den Bergen fallen würde. Dessen Fluss sei unstetig, und würde sich mal trennen, mal vereinigen. Doch mit zunehmender Entwicklung beruhigten sich die Bewegungen der Thigle. Dann würden sie in diversen Formen und Farben erscheinen, etwa als Schnüre, abstrakte Mandalas oder gefüllt mit Bildern von Gottheiten, insbesondere aber mit Buddhas.

Ein Yogi bei der visionären Praxis. Ausschnitt aus einem Wandgemälde im Lukhang Tempel in Lhasa, Tibet, 17. Jh. Quelle: Baker 2000.

Der Lukhang-Tempel in Lhasa, Tibet, ist für seine Wandgemälde bekannt, die yogische Praktiken und Visionen des Dzogchen darstellen (Baker 2000). Die Inschriften an den Wänden wurden einem Dzogchen-Werk des 15. Jh. entnommen. Unter anderem heisst es da:

„Blicke mit halb geschlossenen Augen in die Sonne. Schaust du sieben Tage lang auf diese Weise, werden dir viele Thigle erscheinen. Ein Netz mit quadratischen Formen, mit Yak-förmigen Augen und verschiedenen Masken wird auftauchen. Verschiedene Throne, Eigenschaften und Vorhänge werden erscheinen. Eine Schnur wie ein wässriger Faden tritt ins Bewusstsein" (zitiert nach: Baker 2000).

Yudra Nyingpo (8. Jh.), einer der frühen Übersetzer buddhistischer Sanskrit-Texte ins Tibetische, ist während der Meditation umgeben von Regenbogenlicht und leuchtenden Thigle. Links von ihm: sein Schüler Pang Mipham Gonpo. Quelle: Norbu 2000.

Ratna Lingpa (15. Jh.), ein bekannter Tertön bzw. Entdecker versteckter spiritueller Schriften (tib. *terma*), beschreibt diese Lichterscheinungen in seinem Text *Wunscherfüllendes Juwel* wie folgt:

„Wenn auf diese Weise meditiert wird, erscheint beim Punkt zwischen den Augenbrauen etwas wie ein Regenbogenlicht … In diesem ist der ‚Bindu der leeren Lampe‘, der wie konzentrische Kreise aussieht, die entstehen, wenn man einen Stein ins Wasser wirft. In diesem … erscheint ein Bindu von der Grösse eines Senfkorns oder einer Erbse. In diesem sind die ‚Diamantfäden des Bewusstseins‘, die klein sind wie Knoten in den Haaren eines Pferdeschwanzes, wie Perlen auf einem Faden, wie Eisenketten, wie Blumengirlanden … Sie alle erscheinen in Gruppen von zwei, drei usw. Sie sind dein eigenes Bewusstsein, genannt ‚der Diamantfaden‘ und ‚der einsame Bindu‘“ (zitiert nach: Chagme 2000, übers. FT).

Die Vajra- bzw. Diamantfäden gelten zuweilen als das eigentliche Objekt der Kontemplation. Sie seien die direkte Erfahrung der innersten Natur des Geistes als leuchtende Essenz (Germano 1992). *Das Tantra der weithin ausgesäten Juwelen* hält fest:

„Willst du den Geist aller Buddhas sehen,
betrachte die Form der Vajra-Kette.
Willst du die Wirklichkeit aller Buddhas erlangen,
trenne dich niemals von der Vajra-Kette“ (zitiert nach Baker 2000).

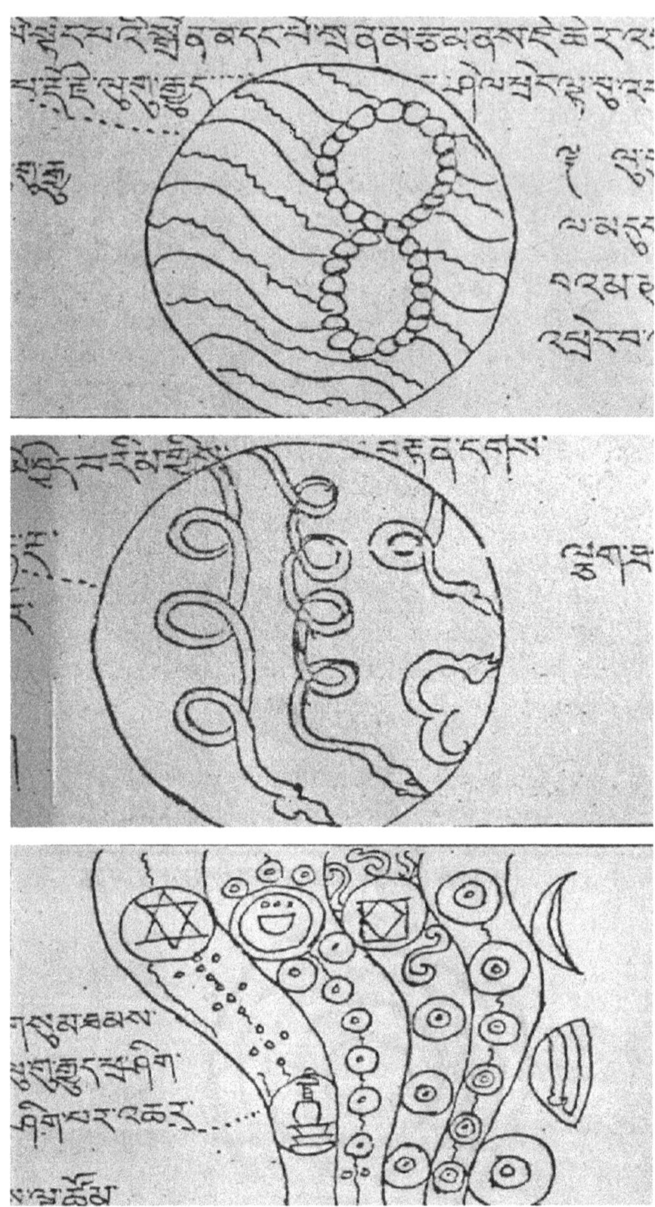

Darstellungen der Diamantfäden, die mal wie Perlenstränge (1), mal wie Knoten (2) und schliesslich in Stufe 2 mit zunehmender Bildlichkeit – Stupas, Mandalas – erscheinen (3). Quelle: The Collected Rediscovered Teachings (von Gter-chen Mchog-gyur-glin-pa), nach: Esposito 2008.

Karma Chagme (auch Raga Asya genannt, 17. Jh.), der Begründer der gleichnamigen Übermittlungslinie der Kagyü-Schule, bezeichnet die Vision der Realität als „Diamantfaden des Bewusstseins" und beschreibt diesen Faden als kristallene Gebetskette. In seiner Schrift *Das bedeutsame Wahrgenommene* heisst es:

„Ohne Unentschlossenheit, fokussiere konsequent auf diese Vision [d.h. auf den Diamantfaden des Bewusstseins], die frei ist von Extremen der Erscheinung und der Leerheit, am Punkt zwischen deinen Augenbrauen" (zitiert nach: Chagme 2000).

Die Konzentration würde zum Auftauchen weiterer Visionen von Lichtern und Bindus führen, da die dynamischen Lebensenergien nicht mehr nach aussen fliessen, und die Energie der ursprünglichen Weisheit in den zentralen Kanal (skr. *sushumna*) gelangt. Gyatrul Rinpoche kommentiert dazu wie folgt:

„Wenn du deinen Blick vor dir ausrichtest, werden diese Vajra-Fäden (Diamantfäden) im Raum vor dir erscheinen. Wenn diese Fäden aus Bindus zu bewegen beginnen, bewege deine Augen nicht umher und versuche nicht, sie festzuhalten. Sondern ‚grenze' diese Fäden ein, indem du deinen Blick ruhig hältst. Dann wirst du nach und nach sehen, dass diese Vajra-Fäden stabil werden. Daraus erwachsen vorzügliche Qualitäten und Erkenntnisse" (zitiert nach: Chagme 2000, übers. FT).

Der Punkt des Nicht-Fokussierens ist zentral im Umgang mit den Thigle und Diamantfäden. Anstatt diesen Lichterscheinungen nachzujagen, sollen die Meditierenden sie zwar nicht ignorieren, aber auch nicht festhalten oder konzentrieren. Denn jede Konzentration darauf würde die hergestellte Weite des Bewusstseins wieder einengen.

Dass es sich bei den Thigle, Diamantfäden und weiteren Lichterscheinungen des Tögal um physiologisch bedingte entoptische Erscheinungen handeln könnte, die – je nach Praxis – durch Reizüberflutung oder Reizentzug aufleuchten, wurde in der Literatur über Dzogchen bereits vermutet. Dabei werden auch Mouches volantes (engl. *eye floaters*) namentlich genannt (Hatchell 2014).

Doch auch die buddhistischen Autoren der Kalachakra- und Dzogchen-Traditionen diskutieren, ob und wie „gewöhnlich" diese Wahrnehmungen sind. Die Autoren sind sich bewusst, dass diese Phänomene zunächst durch physiologische und optische Prozesse entstehen. Daher besteht unter ihnen auch kein Zweifel, dass die anfänglichen Stufen der Tögal-Visionen prinzipiell von allen Menschen gesehen werden können. Dies entspricht wiederum den bekannten entoptischen Erscheinungen. Klar ist aber auch, dass die Dzogchen-Yogis diese Lichterscheinungen durch ihre Praktiken weiterentwickelt haben und sie in einem spirituellen Zusammenhang verstehen, so als Ausdruck des leuchtenden Bewusstseins und als Portale zu komplexeren Bildern und Visionen.

Aufgrund all dieser Darstellungen, Beschreibungen und Überlegungen lassen sich die Thigle und die Diamantfäden zumindest teilweise mit den Kugeln und Fäden der Leuchtstruktur identifizieren. Wie die Leuchtstruktur-Kugeln erscheinen die Thigle beim Blick in den Himmel, lassen sich aber auch im Dunkeln sehen. Sie erscheinen zu Beginn als simple vereinzelte Kreise mit einem Kern. Sie sind eher klein und fliessen unkontrolliert umher.

Doch Thigles werden auch als farbige Scheiben sowie mehrringige Kreise beschrieben, die von regenbogenfarbenen Lichtkränzen umgeben sind. Zeichnungen und Beschreibungen deuten auf ein Phänomen hin, das sich beispielsweise beim Blick gegen die Sonne mit leicht zugekniffenen Augen beobachten lässt, so dass das Licht an den Wimpern gestreut wird. Eine andere Möglichkeit ist, wie diese Erscheinung gesehen werden kann, ist die von der Sonne beschienene glänzende Spitze eines Kugelschreibers oder eines anderen Stück Metalls sehr nahe vor das Auge zu halten. In beiden Fällen blickt man in einen Raum der Unschärfe, der in den Regenbogenfarben schillert. In diesem Raum sind einerseits die Punkte und Fäden der Leuchtstruktur in ihrem konzentrierten Zustand zu sehen, andererseits ein statisches Meer aus Kugeln sowie grosse mehrringige Kreise – hier „Regenbogenkreise" genannt" –, die ebenfalls stationär sein können oder aber durch fliessende bis sprunghafte Bewegungen auffallen.

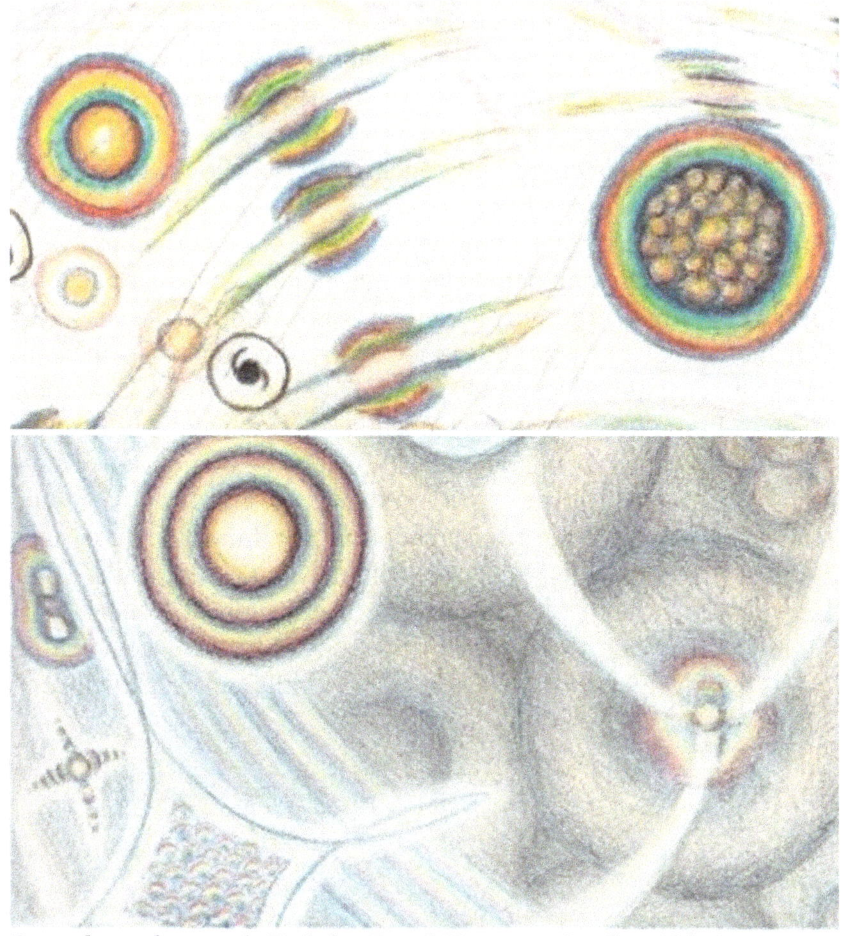

Regenbogenkreise als Teil der Tögal-Visionen. Quelle: Olds 2010.

Es ist unklar, in welchem Verhältnis die Regenbogenkreise zu den Kugeln und Fäden der Leuchtstruktur stehen (vgl. Tausin 2012g). Meine Vermutung ist, dass es sich bei den Regenbogenkreisen um ein Phänomen handelt, das sowohl durch optische wie entoptische Vorgänge zustande kommt. Durch die Reflexion, Streuung und Interferenz des Lichts, das ins Auge fällt, entstehen einerseits die Farben (vgl. Zawischa n/a), andererseits wird das „Meer aus Leuchtstruktur-Kugeln" (Tausin 2010c) vergrössert und überlagert sichtbar. Das wäre sozusagen der umgekehrte Vorgang der Bündelung des Lichts beim Blick durch ein Loch in einem Stück Papier, wo die Leuchtstruktur kleiner und schärfer erscheint. Optische Hilfsmittel wie diese können also helfen, grundlegende Vorgänge des mystischen Sehens – die Vergrösserung und die Verkleinerung der Leuchtstruktur – nachzuvollziehen. Doch in der spirituellen seherischen Praxis sind diese Vorgänge ohne optische Hilfsmittel zu vollziehen, nämlich durch die Aktivierung psychophysischer Energien in der ekstatischen Entspannung einerseits und in der Konzentration andererseits. Dem stimmen grundsätzlich auch die Dzogchen-Yogis zu, insofern die Tögal-Visionen auf den späteren Stufen nicht mehr durch Hilfsmittel angeregt werden. Doch während der Weg in der Leuchtstruktur die simplen Leuchtkugeln mit Kern vergrössert und stabilisiert, scheint es in den Tögal-Visionen eine Entwicklung von den simplen, beweglichen und leuchtenden punktierten Kreisen oder Kugeln hin zu den grossen stabilen konzentrischen Regenbogenkreisen zu geben (Olds 2010). Entsprechend sind die mehrringigen Regenbogenkreise für die Emmentaler Seher unbedeutend, während sie für die Dzogchen-Yogis eine fortgeschrittene Vision und ein klarerer Ausdruck der Manifestation des reinen Geistes sind.

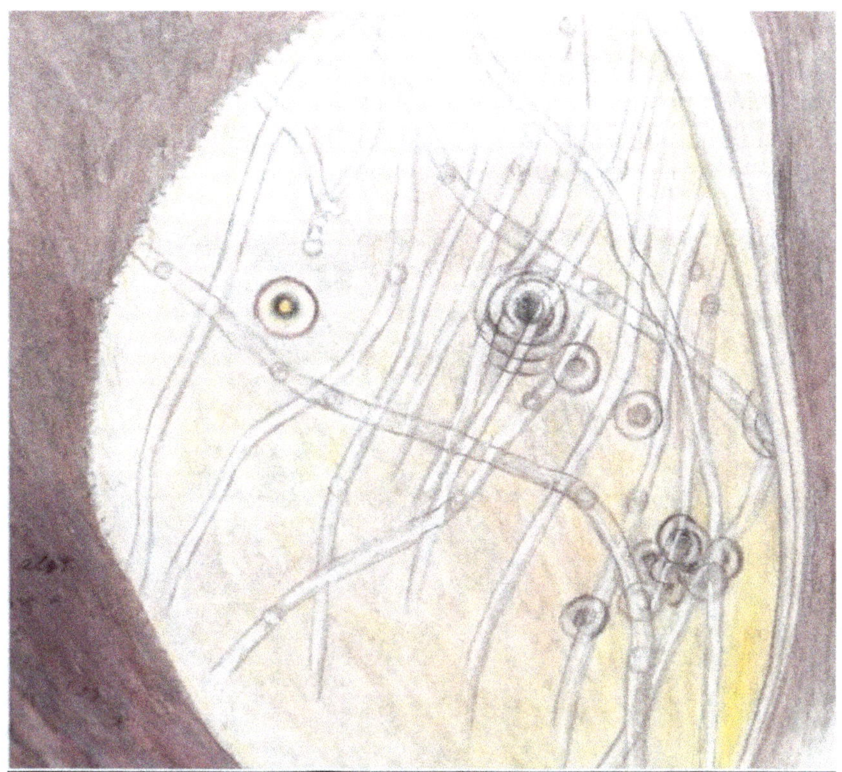

*Leuchtende Punkte und Fäden als Ausgangspunkt der Tögal-Visionen.
Quelle: Olds 2010.*

2) Die Vision der intensivierten Erfahrung

In der zweiten Stufe des Tögal nehmen die Zahl, Formen und
Grössen der Lichterscheinungen zu. Sie erscheinen nun weniger
chaotisch in ihrer Anordnung und Bewegung. Vereinzelte Formen
verbinden sich zu simplen Konstellationen, die sich zunehmend
stabilisieren. Die Lichter lassen sich in drei Gruppen einordnen:
Erstens gibt es die bildlichen Erscheinungen wie z.B. Blumenar-
rangemente oder Lotusse, Speere, Reihen von Stupas, Gitternetze
u.a. Zweitens erscheinen die Tropfen bzw. Thigles jetzt in Fünfer-
gruppen. Einige der Thigle beinhalten bereits erste Gesichter oder
Körperglieder von Gottheiten, die sich später zu Mandalas entwi-

ckeln. Und drittens lassen sich längliche Lichter wie Strahlen, farbige Streifen, Riemen, Ketten oder Netze aus Thigles bzw. Diamantfäden beobachten. Alle diese Erscheinungen entstehen spontan und kontinuierlich, nun ohne spezielle Stimulierung oder Anstrengung durch äusseres Licht oder Druck.

Yogis bei der visionären Praxis. Ausschnitt aus einem Wandgemälde im Lukhang Tempel in Lhasa, Tibet, 17. Jh. Quelle: Baker 2000.

3) Die Vision der Optimierung des Bewusstseins

Nun enthüllt sich das Bewusstsein vollständig als das, was es in Wirklichkeit ist. Die Tögal-Visionen der dritten Stufe sind klar, intuitiv strukturiert und erscheinen im Regenbogenlicht. Sie organisieren sich zum Mandala der hundert friedvollen und zornvollen Gottheiten, zu Buddha-Feldern, Palästen und Buddhas.

Samantabhadra-Buddha als Ausdruck der höchsten transzendenten Realität, vereinigt mit seiner Gemahlin und umgeben von friedvollen und zornvollen Gottheiten. Die friedvollen Gottheiten erscheinen in Regenbogenkreisen (Thigle). Tibet, 19. Jh. Quelle: Link[47].

4) Die Vision der Erschöpfung in der Realität

In der letzten Stufe lösen sich die Visionen auf und kehren dorthin zurück, von wo sie gekommen sind, nämlich aus dem Grund (tib. *gzhi*) des Bewusstseins. Dabei sublimiert der Yogi die materiellen Elemente in die reinen Elemente, d.h. in die fünf klaren farbigen Lichter und erschafft damit einen Lichtkörper oder Regenbogenkörper (Jalupa, von tib. *ja lus*). Darin besteht die eigentliche Erleuchtung gemäss der Dzogchen-Lehre (Reynolds 2006).

Die Bedeutung der Lichterscheinungen

Die Tögal-Visionen widerspiegeln den inneren Zustand des Yogi. Dabei ist sich der Yogi stets bewusst, dass er nichts anderes als seinen eigenen Geist betrachtet und in diesen Visionen seine wahre Natur entdeckt – nämlich leuchtendes Bewusstsein.

Gemäss der Dzogchen-Lehre hat dieses Bewusstsein seinen Sitz im Herz des Menschen. Von dort aus zirkuliert es durch ein Geflecht aus leuchtenden Kanälen (tib. *od rtsa*), die ebenfalls vom Herz ausgehen. Die Dzogchen-Lehre fügt also dem tantrischen feinstofflichen Körper einen noch subtileren „Diamantkörper" (tib. *dorje lus*) hinzu, der die energetische Grundlage und Quelle des Ersteren sei. Im Gegensatz zu den konventionellen Energiekanälen (skr. *nadi*) transportieren diese Lichtkanäle reines Bewusstseinslicht. Drei oder vier dieser Kanäle gelten als Hauptkanäle und dienen als Medium für die Manifestation der Tögal-Visionen. Zwei davon, genannt die „schlanke Spirale" und die „Kristallröhre", verlaufen vom Herz entlang der Wirbelsäule in den Kopf und von dort zu je einem Auge. Das Bewusstseinslicht gelangt über diese Kanäle in die Augen und wird dort nach aussen projiziert, um sich am Himmel als die genannten visionären Erscheinungen zu manifestieren.

Entsprechend der Feinstofflichkeit des Körpers sind auch die Thigles unterschiedlich subtil. Der Begriff Thigle kann sich auf die gewöhnlichen Sexualflüssigkeiten beziehen, d.h. auf den groben oder subtilen roten und weissen Samen (skr. *bindu*), mit denen im traditionellen Tantra gearbeitet wird. Feinstofflichere Thigle sind aber auch kleine Organisationszentren, die die Energie für die Bewegung, Steuerung und Entwicklung des Körpers erzeugen, aber auch für die mentalen und psychischen Bewegungen. Diese beiden sind die gröberen Entsprechungen der konzentrischen Lichtpunkte auf der Ebene des Diamantkörpers, d.h. der Thigles, die in den Tögal-Visionen auftauchen. Diese Lichter dienen als Potenzen oder Embryos für komplexere Visionen wie Buddhas, Mandalas etc. (Scheidegger 2007; Germano 1992).

Die Tögal-Lichtvisionen sind jedoch nicht nur ein Ausdruck des inneren Zustands des Yogi. Durch sie werden auch zentrale vergangene und zukünftige Ereignisse vergegenwärtigt. Gemäss der Schöpfungserzählung der für Dzogchen dominanten Nyingthig-Serie existierte am Anfang der Zeit ein leuchtendes uranfängliches Bewusstsein (tib. *rig pa*) in einem Grund (tib. *gzhi*), eine Art Buddha-Embryo, die als Vase verbildlicht wird. Durch ein plötzliches Ereignis zerbrach die Vase und das Bewusstsein entwich. In diesem Moment der ersten Ausdehnung des Bewusstseins, so heisst es, ist Erkenntnis möglich. Wenn das Bewusstsein sich selbst erkennt, wird der weitere Schöpfungs- und damit Verfestigungsprozess gestoppt und kehrt um. Bewusstsein wird zum Buddha Samantabhadra („Allumfassendes Gutes"). Doch wenn das Bewusstsein sich nicht erkennt, entschleunigt und verfestigt es sich und erzeugt dadurch unzählige Welten, die sich durch ihre Dichte an Licht unterscheiden – von den reinsten Lichter über Reine Länder bis hin zum irdischen Geist und der Welt der fünf grobstofflichen Elemente. Doch dieser Schöpfungsakt ist kein einmaliges Ereignis. Die Yogis glauben, dass dieser Prozess der Entfaltung von Bewusstsein in jedem Moment stattfindet, auch in der visionären Praxis. Ähnlich wie im kaschmirischen Shivaismus bestimmt jeder Sehakt, ob die Vergegenwärtigung des Grundes (tib. *gzhi*) zur zyklischen Existenz (*Samsara*) oder zur vollkommenen Erleuchtung (*Nirvana*) führt. Wenn das Bewusstseinslicht, das aus dem Herz ausbricht, nicht als visionäre reine Lichterscheinungen wahrgenommen werden kann, erscheint es zunehmend verdeckt als mentale, psychische und materielle Phänomene. Wenn der Yogi jedoch bei den Thigles und Diamantfäden bleiben kann, hat er die Möglichkeit, diese wieder in reines Bewusstseinslicht aufzulösen und frei zu werden (Hatchell 2014; Germano 1992).

Dieselben Visionen sollen auch im Zwischenzustand (tib. *bardo*) der Dharmata oder des „Klaren Lichts" erscheinen, der nach dem Tod einsetzt (vgl. Tausin 2012b). Davon berichtet das *Bardo Thödol* oder *Die grosse Befreiung durch Verstehen in den Zwischenzuständen* (traditionsgemäss 8. Jh.), das im Westen als das „Tibetische Totenbuch" bekannt ist. In der Dzogchen-Lehre gilt denn auch, dass die Meditation über die Tögal-Lichter die beste Vorbereitung für die Herausforderungen des Nachtod-Zustandes ist, und dass der Bardo der Dharmata nur durch diese Praxis vollständig verstanden werden kann (Rinpoche 1996; Germano 1992). Nach dem *Bardo Thödol* bedeutet Sterben, dass sich die psycho-physischen Energien des Körpers im Urgrund auflösen. Ist dieser Prozess abgeschlossen, wiederholt sich sozusagen die kosmische Evolution. Der Verstorbene hat nun die Möglichkeit, das klare Licht des Bewusstseins bzw. des Wahrheitskörpers (skr. *dharmakaya*) zu erkennen und dadurch frei zu werden. Wenn er es nicht erkennt, wird er von ihm überwältigt, und es beginnt der Bardo der Dharmata. Hier erzeugt sein Karma eine Reihe von Visionen, die in vier Phasen unterschieden werden. In jeder Phase hat der Verstorbene erneut die Möglichkeit, die Vision als das zu erkennen, was sie wirklich ist, nämlich die strahlende Essenz des eigenen Geistes (tib. *rig pa*). Diese Erkenntnis befreit den Sterbenden. Bleibt sie aber aus, beginnt die nächste Vision. In der ersten Phase erscheinen der Raum und die Elemente als farbige Lichter, blau, weiss, gelb, rot und grün. Aus diesen formen sich dann Thigles, in denen die Mandalas der friedvollen und zornvollen Gottheiten erscheinen. In der dritten Phase erscheinen fünf verschiedenfarbige Schichten aus Thigles als Ausdruck der Weisheitsaspekte. Die vierte Phase bringt die Vision aller sechs Daseinsbereiche, zu denen der nicht befreite Geist hingezogen wird, um wiedergeboren zu werden.

In all diesen Zuständen und Visionen geht es darum zu erkennen, dass die Thigle, Diamantfäden sowie die daraus entstehenden komplexeren Erscheinungen nichts anderes als das ursprüngliche klare Licht des Bewusstseins sind. Und wie im Fall der „Augentrübung" (skr. *timira*) in der frühen Mahayana-Literatur soll von den Tögal-Visionen auch auf die Natur der weltlichen Erscheinungen geschlossen werden. Der Bön-Meister Tenzin Namdak erklärt hierzu:

„Der Grund, weshalb wir Tögal praktizieren, ist um zu erkennen, dass die Vision des gewöhnlichen Lebens genauso illusorisch und nicht-substanziell ist (wie die Tögal-Visionen). ... Wir müssen verstehen, dass diese spontanen Visionen in der Vollkommenen Natur existieren und sich entwickeln. Jedoch sind alle diese Visionen Illusionen; es gibt hier nichts Substanzielles. Tögal-Visionen erscheinen zunächst verschieden von unserer Alltagsvision, aber wir sollten erkennen, dass diese zwei Arten von Visionen letztlich dieselbe Natur haben. Beide sind Projektionen, und bis wir dies erkennen, sind wir nicht bereit für die Tögal-Praktiken" (zitiert nach Reynolds 2006, übers. FT).

Die Tögal-Visionen sind also ein Ausdruck der Leerheit. Dabei handelt es sich aber nicht um eine Leerheit, die – wie in der Prajnaparamita-Literatur oder im Madhyamaka des Nagarjuna – jenseits aller Ausdrucksfähigkeit und aller möglichen Bewusstseinsinhalte liegt. Sondern es ist eine bewusste leuchtende und dynamische Leerheit wie in den Visionen des Avatamsaka-Sutra, des Huayan-Buddhismus oder wie in Dogens „Himmelsblume". Longchenpa (14. Jh.), ein bedeutender Dzogchen-Meister der Nyingma-Tradition, identifiziert die Thigle und Diamantfäden folgerichtig auch mit der Buddha-Natur. Und für Fahai Lama (1920-1991), ein Dzogchen-Meister aus China, gehören die Thigle (chin. *dayuanman*) zusammen mit der Weisheit, der leeren Natur und der ursprünglichen Reinheit oder „So-heit" (skr. *tathata*) zum Dharma-Körper (Van Schaik 2004; Germano 1992). Mit dieser Gleichsetzung von Tögal-Visionen und Leerheit bestätigen die Dzogchen-Yogis, was für die älteren Mahayana-buddhistischen

92

Visionen von Reinen Ländern oder des Dharma-Reiches erst vermutet werden konnte: Leerheit ist nicht nur in positiven Begriffen und als leuchtendes Bewusstsein zu erfassen, sondern in der Form von Thigles und Diamantfäden kann sie direkt gesehen werden – und zwar unter Einbezug des physischen Sehsinnes. Zwar gilt, dass die Tögal-Lichterscheinungen nicht von den Augen abhängig sind, da sie ja auch im Dunkeln und mit geschlossenen Augen aufleuchten. Zudem spekulieren die Yogis über innere oder subtile Augen, die durch yogische Praktiken entwickelt werden, und mit denen die leuchtenden Leerheits-Formen gesehen werden sollen. Solche feinstofflichen Augen erinnern an die früheren Konzepte des übersinnlichen Sehens oder des transzendenten Auges aus den Nikayas, dem Abhidharma oder der Prajnaparamita-Literatur. Nur dass im Gegensatz zu diesen früheren Konzepten das subtile oder himmlische Sehen der Dzogchen- und Kalachakra-Yogis eben nicht nur ein Kanal für die Erlangung von Einsichten und Wissen ist, sondern ein visuelles Sehen der Leerheit, bei dem die physischen Augen als Portale der Wahrnehmung dienen.

7
Fazit – Die Leuchtstruktur im Buddhismus

Die Lehren der tantrisch-buddhistischen Dzogchen- und Kalaca-
kra-Yogis beinhalten eine aussergewöhnliche visionäre Praxis.
Diese Buddhisten kombinieren yogische Übungen und Meditation
mit der Stimulation ihres Sehsystems durch Reizentzug oder Reizüberflutung. In Dunkelretreats oder beim disziplinierten Blick in
den Himmel sehen sie die Leuchtstruktur und andere entoptische
Erscheinungen, die Gegenstand ihrer Meditation, aber auch der
Reflexion und Interpretation sind.

Unter Gelehrten ist allerdings umstritten, ob Dzogchen wirklich
Teil der buddhistischen tantrischen Tradition – oder überhaupt des
Buddhismus – ist. Historisch gesehen ist die „Grosse Perfektion"
zwar auf der Grundlage buddhistischer Tantras entstanden. Doch
mehrere Aspekte unterscheiden diese Lehren und Praktiken von
den normativen buddhistischen Tantras. Dazu gehören etwa die
Vorstellung eines Universums, das sukzessive hierarchisch geglie-
derte Welten hervorbringt; ein durchdringendes Bewusstseins auf
jeder dieser kosmischen Stufen, das stets die Möglichkeit der
Selbsterkenntnis hat; und die innere ursprüngliche Erleuchtung,
die nicht erst hergestellt werden muss. Solche Aspekte lassen sich
als Interpretationen von nicht-buddhistischen tantrischen Vorstel-
lungen oder von zentralen philosophischen Positionen der Madhyamaka und des Yogacara verstehen (Germano 1992). Doch es
sind die spontan auftauchenden Lichterscheinungen in den Tögal-
Visionen, die bisher nicht auf buddhistische oder generell indische
Vorläufer zurückgeführt wurden, und die Dzogchen einzigartig zu
machen scheinen. Doch ist dieses meditative Sehen der Leuchtstruktur wirklich ein Einzelfall in der Geschichte des Buddhis-

mus? Oder ist Dzogchen nur jene Lehre, die die Leuchtstruktur am klarsten benennt?

Wie in diesem Artikel festgestellt, tauchen bereits im frühen Buddhismus Symbole auf – so der Stupa, die Lotusblume, die Juwelen, der den Kopf oder Körper umgebende Strahlenkranz und das Mandala – die mit ihrer Kern-Umkreis-Struktur auf die Leuchtstruktur verweisen könnten. Dies umso mehr, als diese Symbole nicht einfach nur Reinheit und Erleuchtung ausdrücken. Sondern sie strukturieren auch die mythischen Visionen des Dharma-Reiches (skr. *dharmadhatu*), des Dharma-Körpers (skr. *dharmakaya*) oder der Buddha-Natur (skr. *buddhadhatu* oder tathagatagarbha), die in frühen mahayana-buddhistischen Werken wie dem *Lotus-Sutra*, dem *Tathagatagarbha-Sutra* und dem *Avatamsaka-Sutra* beschrieben werden. Die buddhistischen Symbole werden hier zu leuchtenden himmlischen Erscheinungen, die durch die meditative Versenkung erzeugt und aus dem Körper – oft aus der Stelle zwischen den Augenbrauen – nach aussen projiziert und gesehen werden. Diese Eigenschaften passen nicht nur gut zum Sehen der Leuchtstruktur. Sondern diese visionären Szenen ähneln auch denen, die die Dzogchen-Yogis in den späteren Phasen des Tögal sehen. Wenn diese mythischen Visionen durch die Dzogchen-Perspektive betrachtet werden, fällt aber auch auf, dass hier die frühen Stufen des Sehens fehlen – also die abstrakten Leuchtpunkte (Thigle) und Leuchtfäden (Diamantfäden).

Solche eher abstrakten Lichterscheinungen finden sich dafür in den Beschreibungen der Früchte der Meditation. Meditation – insbesondere die konzentrative Samatha-Meditation – erzeugt innere Lichterscheinungen (p. *obhasa*, *aloka*, *nimitta*), die sich als entoptische Erscheinungen begreifen lassen. Auch hier könnte es sich um die Leuchtstruktur handeln, insofern die Lichter – wie im *Visuddhimagga* – mit Symbolen mit Kern-Umkreis-Struktur verglichen werden. Da sie teilweise auch als Meditationsobjekte eingesetzt werden, lässt sich hier eine Praxis des Sehens der Leuchtstruktur vermuten – selbst wenn die Leuchtstruktur in diesem Fall durch geschlossene Augen und somit eher in ihrem Energiefeldaspekt als in ihrem „statischen" Aspekt gesehen wird (Tausin 2012a). In seiner Schrift *Neluk Rangjung* (dt. Diamant-Essenz") nennt der tibetische Lama und Nyingma-Linienhalter Düdjom Lingpas (1835-1904) „Lichter" und „Bindus" als Erfahrungen (tib. *nyam*), die im Zuge der Samatha-Meditation auftauchen, und an denen nicht gehaftet werden darf (Wallace 2011). Durch den Begriff „Bindu" – ein Äquivalent zum tibetischen „Thigle" – lassen sich diese anfänglichen meditativen Lichter also mit den Thigles und Diamantfäden in der frühen Phase der Tögal-Visionen identifizieren. Doch im Gegensatz zur Praxis des Tögal fehlt im Pali-Kanon und in den frühen Meditationshandbüchern des Theravada-Buddhismus die Weiterentwicklung der anfänglichen meditativen Thigles zu komplexen bildlichen Visionen. Das ist nachvollziehbar, wenn dieses Licht nicht – wie im Mahayana- und Vajrayana-Buddhismus – als „leuchtendes Bewusstsein" (p. *pabhassara-citta*) begriffen wird, sondern bestenfalls als Grundlage für die Erlangung von weiteren und höheren Früchten der Meditation; und im weniger günstigen Fall als Hindernis für den weiteren Fortschritt, insofern die Meditierenden daran haften könnten. Insbesondere im Theravada-Buddhismus gibt es also wenig Motivation, sich weiter in dieses Licht zu vertiefen.

Wenn wir also die Tögal-Visionen und die Formen der Leuchtstruktur in Betracht ziehen, können wir seherische Praktiken bereits im frühen Theravada- und Mahayana-Buddhismus vermuten. Dass diese Praktiken jedoch nicht klar benannt, sondern durch Symbole und Mythen angezeigt oder in ihrer Bedeutung relativiert werden, könnte mehrere Gründe haben. Vielleicht war das Sehen des inneren Lichts den frühen Buddhisten noch zu nah an der yogischen Konzentration (Taraka Yoga, Shambhavi Mudra) auf das Licht zwischen den Augenbrauen, das mit dem Atman identifiziert wurde und somit der buddhistischen Leerheit widersprach. Vielleicht war die seherische Praxis in ihrer Gänze nur Eingeweihten zugänglich, so wie die Dzogchen- und generell die tantrischen Lehren. Oder vielleicht erwuchs die Zurückhaltung aus der Unklarheit über die Bedeutung der anfänglichen entoptischen Erscheinungen, die von manchen Buddhisten lediglich als Augentrü-

bung (skr. *timira*) bzw. „illusionäre Himmelsblumen" wahrgenommen wurden.

Erst in der seherischen Praxis des Dzogchen werden die traditionellen buddhistischen Symbole mit Kern-Umkreis-Struktur, die
Idee des leuchtenden Bewusstseins, die anfänglichen meditativen
Lichter sowie die komplexen bildlichen Visionen integriert. Und
sie werden hier auch in ein kausales Verhältnis gebracht: Das
leuchtende Bewusstsein erscheint anfänglich in der Form der simplen Thigles und Diamantfäden. Dann entwickeln sich diese frühen Lichterscheinungen über die Regenbogenkreise zu den komplexeren Bildern bzw. buddhistischen Symbolen in den späteren
Phasen des Tögal.

Ein kritischer Einwand könnte lauten, dass die mythischen Visionen der frühen Mahayana-Werke kein Ausdruck einer seherischen
Praxis sind, sondern dass sie ihrerseits die späteren bildlichen Tögal-Visionen inspiriert haben. Denn die Autoren des Dzogchen
waren ja bemüht, ihre Praxis und Wahrnehmungen als authenti-
scher buddhistischer Weg darzustellen. Durch den Rückgriff auf
frühere visionäre Szenen und buddhistische Symbole könnte das
Sehen der Leuchtstruktur legitimiert worden sein.

Dagegen spricht einerseits die Tatsache, dass die Entwicklung von
simplen geometrischen Lichtern zu komplexen Bildern keine Ei-
genheit der Tögal-Visionen ist, sondern ein bekanntes Phänomen
in visionären Praktiken weltweit. Dies zeigen beispielsweise die
visionären Reisen von südamerikanischen Schamanen (Reichel-
Dolmatoff 1997, 1975), aber auch die Studien zur Wirkung von
Halluzinogenen, die teilweise wiederum mit der Trance gegen-
wärtiger Schamanen verglichen wurden und manchen Archäolo-
gen sogar zur Interpretation der sowohl abstrakten wie bildlichen
Darstellungen auf steinzeitlichen Höhlenbildern dienen (vgl. Clot-
tes/Lewis-Williams 1997; Dowson/Lewis-Williams 1988). Stets
ist die frühe Phase der Bewusstseinsintensivierung durch die Erscheinung abstrakter entoptischer Muster charakterisiert, darunter
auch die Leuchtstruktur (Tausin 2010b). Dann entwickeln sich

diese Muster zu komplexen Bildern und Szenen. Von daher ist nicht ausgeschlossen, dass die überlieferten Dzogchen-Visionen ebenfalls durch den Einsatz halluzinogener Pflanzen beeinflusst sind. Dies liesse sich mit dem Einfluss des Tantra und des indigenen tibetischen Schamanismus erklären (vgl. Lewis 2004; vgl. Harvey/Wallis 2007; Stutley 2003; Eliade 1957), aber auch mit der weitgehenden Absenz buddhistischer Institutionen und mönchischer Regeln und Ethik im Tibet zu der Zeit, als die ersten Dzogchen-Texte entstanden sind (Hatchell 2014).

Gegen eine simple Übernahme und Integration buddhistischer Symbole in die Tögal-Visionen spricht andererseits die Beobachtung, dass insbesondere solche Symbole verwendet werden, die Ähnlichkeit zur Leuchtstruktur aufweisen. Denn auch wenn die komplexen visionären Bilder – im Gegensatz zu den anfänglichen entoptischen Lichtern – durch den individuellen psychischen und kulturellen Hintergrund geprägt sind, sind die entoptischen Formen wie die Leuchtstruktur die Grundlage, aus der heraus die Visionen entstehen. So werden Leuchtkugeln und mehrringige Regenbogenkreise zu Lotusblüten, Stupas, Buddhas mit Strahlenkränzen oder Mandalas. Leuchtfäden wiederum können sich zu Speeren, Netzen oder Gittern, Blumengirlanden und ähnlichem entwickeln. In den Dzogchen-Texten werden die Thigle ausserdem mit zahlreichen weiteren symbolischen Bildern assoziiert, die wiederum Kern-Umkreis-Strukturen sind: Augen, die Iris und die Pupillen, Pfauenfedern, Lassos, Ringe, Teller, Perlen, Zäune und umwallte Städte.

Es ist gut möglich, dass die Leuchtstruktur im Buddhismus über die Jahrhunderte hinweg immer wieder gesehen und immer wieder als etwas anderes erkannt worden ist: mal als Augentrübung, mal als meditatives Licht, mal als das leere Licht des Bewusstseins. Mal wurde sie als Objekt der Konzentration und Meditation verwendet, mal inspirierte sie zu Spekulationen über die Leerheit. Mal könnte sie die Vorlage für die Entwicklung von Symbolen gewesen sein, oder aber bereits vorhandenen Symbolen eine zusätzliche Bedeutungsebene hinzugefügt haben. Wenn die hier gewonnenen Einsichten zutreffen, ist die Leuchtstruktur für den Buddhismus das, was die Thigles und Diamantfäden für Dzogchen sind (Hatchell 2014): ein Ordnungsprinzip, das diverse Symbole, Ideen und Visionen auf seherische und philosophische Weise miteinander verbindet.

Literatur

Analayo, Bhikkhu (2017): „The Luminous Mind in Theravāda and Dharmaguptaka Discourses". *Journal for the Oxford Centre for Buddhist Studies* 13: 10-51. buddhismuskunde.uni-hamburg.de/pdf/5-personen/analayo/luminousmind.pdf (5.10.19)

Baker, Ian A. (2000): *Der geheime Tempel von Tibet: Eine mystische Reise in die Welt des Tantra.* München: Bucher

Bechert, Heinz; Gombrich, Richard (1989): *Der Buddhismus. Geschichte und Gegenwart.* München: Beck

Borst, C. V. (1970): „Perception and Intentionality". *Mind* 79, Nr. 313: 115-121

Brahmavamso, Ajahn (2011): *The Jhanas.* Buddhist Fellowship Singapore. dhammatalks.net/Books/Ajahn_Brahm_The_Jhanas.pdf (5.10.19)

Brasington, Leigh (2015): „Nimitta (A Free Supplement to: Right Concentration: A Practical Guide to the Jhanas)". *Rc.leighb.com.* rc.leighb.com/more/Nimitta.htm?0 (5.10.19)

„Buddhist Monuments at Sanchi (UNESCO/NHK)". *Youtube.com.* youtube.com/watch?v=BkFpizJgwYk (5.10.19)

Buswell, Robert E. (Hg.) (2004): *Encyclopedia of Buddhism.* New York u.a.: Thomson Gale

Chagme, Karma (2000): *Naked Awareness: Practical Instruction on The Union of Mahamudra and Dzgochen.* Ithaca: Snow Lion Publications

Chang, Garma C.C. (1986): *The Six Yogas of Naropa and Teachings on Mahamudra.* Ithaca: Snow Lion Publications

Chemburkar, Swati (2017): „Visualising the Buddhist Mandala: Kesariya, Borobudur, and Tabo". *India and Southeast Asia: Cultural Discourses*, hrsg. v. Anna L. Dallapicoola und Anila Verghese. Mumbai: The K R Cama Oriental Institute: 197-222

Choudhury, Janmejay (2012): „Tree Worship Tradition in India and Origin of Jagannath Cult". *Odisha Review* (Juni): 55-57. magazines.odisha.gov.in/Orissareview/2012/June/engpdf/58-60.pdf (14.2.19)

Clottes, Jean; Lewis-Williams, David (1997): *Schamanen. Trance und Magie in der Höhlenkunst der Steinzeit.* Jan Thorbecke Verlag

Cook, Francis H. (1977): *Hua-Yen Buddhism: The Jewel Net of Indra.* Pennsylvania University State Press

Dahl, Cortland (2009): *Entrance to the Great Perfection. A Guide to the Dzogchen Preliminary Practices.* Ithaca/NY: Snow Lion Publications

Doi, Torakazu (Übers.) (1983): *Das Kegon Sutra* (4 Bde.). Tokyo: Doitsubun-Kegonkyo-Kandokai

Ehara, N. R. M. u.a. (1961): The Path of Freedom (Vimuttimagga) by The Arahant Upatissa. Colombo: Dr. D. Roland D. Weerasuria

Eliade, Mircea (1957): *Schamanismus und archaische Ekstasetechnik.* Zürich: Rascher & Cie

Esposito, Monica (2008): „rDzogs chen in China: From Chan to ‚Tibetan Tantrism' in Fahai Lama's (1920-1991) Footsteps". *Images of Tibet in the 19th and 20th Centuries*, Bd. 2, hrsg. v. Monica Esposito. Paris: École française d'Extrême-Orient: 473-548

Germano, David Francis (1992): *Poetic thought, the intelligent Universe, and the mystery of self: The Tantric synthesis of rDzogs Chen in fourteenth century Tibet* (Dissertation). Madison: The University of Wisconsin

Gonda, Jan (1963): *The Vision of the Vedic Poets.* Den Haag: Mouton & Co.

Gyatso, Kathog Situ Chökyi (2009): *Togden Shakya Shri. The Life and Liberation of a Tibetan Yogin.* Arcidosso: Shang Shung Institute Merigar

Harvey, Peter (2013): *An Introduction to Buddhism.* Teachings, History and Practices (2. Aufl.). Cambridge u.a.: Cambridge University Press

Harvey, Graham; Wallis, Robert J. (2007): *Historical Dictionary of Shamanism* (Historical dictionaries of Religions, Philosophies, and Movements, 77). Lanha u.a.: The Scarecrow Press, Inc.

Hatchell, Christopher (2014): *Naked Seeing: The Great Perfection, The Wheel of Time, and Visionary Buddhism in Renaissance Tibet.* Oxford University Press

Herbert, R. T. (1998): „Dualism/Materialism". *The Philosophical Quarterly* 48, Nr. 191: 145-158

Irons, Edward A. (2008): *Encyclopedia of Buddhism* (Encyclopedia of World Religions). New York: Facts On File, Inc.

Lal Hazra, Kannal (1998): *Pali. Language and Literature. A systematic survey and historical study*, Bd. 1 (Emerging Perceptions in Buddhist Studies 4). New Delhi: D. K. Printworld

Lamotte, Etienne (1989): „Der Buddha, Seine Lehre und Seine Gemeinde". *Der Buddhismus. Geschichte und Gegenwart*, hrsg. v. Heinz Bechert und Richard Gombrich. München: Beck: 41-55

Lewis, Todd (2004): „Buddhism and Shamanism". *Shamanism – An Encyclopedia of World Beliefs, Practices, and Culture*, hrsg. v. Mariko Namba Walter und Eva Jane Neumann Fridman. Santa Barbara u.a.: ABC Clio: 30-34

Lewis-Williams, J. D.; Dowson, T. A. (1988): „The Signs of All Times: Entoptic Phenomena in Upper Paleolithic Art". *Current Anthropology* 29, Nr. 2: 201-245

Lingwood, Dennis (1992): *Das Buddha-Wort. Das Schatzhaus der heiligen Schriften des Buddhismus – eine Einführung in die kanonische Literatur.* München/Wien: Barth

Liu, JeeLoo (2006): *An Introduction to Chinese Philosophy. From Ancient Philosophy to Chinese Buddhism.* Malden u.a.: Blackwell

Mahlstedt, Ina (2010): *Rätselhafte Religionen der Vorzeit.* Theiss

Meisig, Konrad (1998): „Der historische Buddha. Geschichte und Legende des Siddharta Gautama". *Wer ist Buddha? Eine Gestalt und ihre Bedeutung für die Menschheit*, hrsg. v. Perry Schmidt-Leukel. München: Eugen Diederichs Verlag: 22-34

Nicholson, Philipp T. (2011): *Religiousvisionsoflight.com.* religiousvisionsoflight.com/video.html?2 (5.10.19)

Nicholson, Philipp T. (2006): „Light Visions, Shaman Control Fantasies & the Creation of Myths" *Harvard-Peking University International Conference on Comparative Mythology, At Beijing, China.* researchgate.net/publication/268391092_Light_Visions_Shaman_Control_Fant asies_the_Creation_of_Myths (5.10.19)

Norbu, Chögyal Namkhai (2000): *The Crystal and the Way of Light. Sutra, Tantra, and Dzogchen.* Ithaca: Snow Lion Publications

Nyanatiloka (1952): *Buddhistisches Wörterbuch.* Kontanz: Verlag Christiani

Ohashi, Ryosuke; Elberfeld, Rolf (Hg.) (2006): *Shobogenzo. Ausgewählte Schriften. Anders Philosophieren aus dem Zen.* Stuttgart: Frommann-Holzboog

Olds, Robert & Rachel (2010): *Luminous Heart of Inner Radiance. Drawings of the Tögal Visions.* Heart Seed Press

Osto, Douglas Edward (2004): *The Gandavyuha-sutra: a Study of Wealth, Gender and Power in an Indian Buddhist Narrative* (Thesis for a Doctor of Philosophy Degree, School of Oriental and African Studies, University of London). Ann Arbor: ProQuest. eprints.soas.ac.uk/28884/1/10673053.pdf (5.10.19)

Powers, John (1995): *Wisdom of Buddha. The Samdhirnirmocana Sutra.* Berkeley: Dharma Publishing. info.stiltij.nl/publiek/meditatie/soetras2/samdhinirmocana-powers.pdf (5.10.19)

Reichel-Dolmatoff, Gerardo (1997): *Rainforest Shamans. Essays on the Tukano Indians of the Northwest Amazon.* Themis Books

Reichel-Dolmatoff, Gerardo (1975): *The Shaman and the Jaguar. A Study of Narcotic Drugs Among the Indians of Colombia.* Philadelphia: Temple University Press

Renko (2016): „Enso – The Circle of Enlightenment". *thezenuniverse.org.* thezenuniverse.org/enso-circle-enlightenment (5.10.19)

Reynolds, John Myrdhin (2006): *Bonpo Dzogchen Teachings according to Lopon Tenzin Namdak.* Kathmandu: Vajra Publications

Reynolds, John Myrdhin (1996): *The Golden Letters. The Three Statements of Garab Dorje, the first teacher of Dzogchen, together with a commentary by Dza Patrul Rinpoche entitled „The Special Teaching of the Wise and Glorious King",* Ithaca: Snow Lion Publications

Rinpoche, Sogyal (1996): *Das tibetische Buch vom Leben und Sterben. Ein Schlüssel zum tieferen Verständnis von Leben und Tod.* Barth O.W. Verlag

Sayadaw, Pa-Auk (2000): *Knowing and Seeing*. Tullera: Buddha Dharma Education Association Inc. buddhanet.net/pdf_file/know-see.pdf (5.10.19)

Sayadaw, Pa-Auk (1996): *Light of Wisdom. Meditation in Pa Auk Forest Monastery*. dhammatalks.net/Books10/Pa_Auk_Sayadaw-Light_of_Wisdom.pdf (5.10.19)

Scheidegger, Daniel (2007): „Different Sets of Light-Channels in the Instruction Series of Rdzogs Chen". *Revue d'Études Tibétaines*: 24-38

Schlieter, Jens (2001): *Buddhismus zur Einführung*. Hamburg: Junius Verlag GmbH

Schmidt-Leukel, Perry (Hg.) (1998): *Wer ist Buddha? Eine Gestalt und ihre Bedeutung für die Menschheit* (Schriftenreihe der Gesellschaft für Europäisch-Asiatische Kulturbeziehungen, GEAK): München: Eugen Diederichs Verlag

Schumann, Hans Wolfgang (2000): *Buddhismus. Stifter, Schulen und Systeme* (Diederichs Gelbe Reihe). Kreuzlingen/München: Eugen Diederichs Verlag

Seo, Audrey Yoshiko (2007): *Enso: Zen Circles of Enlightenment*. Boston/London: Weatherhill

Stutley, Margaret (2003): *Shamanism. An Introduction*. London / New York: Routledge

Soma, Bhikkhu (2000): „The Mystery of the Breath Nimitta or the Case of the Missing Simile". *Arrowriver.ca*. arrowriver.ca/dhamma/nimitta.html (5.10.19)

Strong, C. A. (1922): „Mr. Russel's Theory of the External World". *Mind* 31, Nr. 123: 307-320

Tausin, Floco (2012a): *Mouches volantes (MV) und andere subjektive visuelle Phänomene*. mouches-volantes.com/home/visuelle-subjektive-phaenomene.htm (28.8.19)

Tausin, Floco (2012b): „Die Leuchtkugel am Ende des Tunnels. Mouches volantes und Nahtoderfahrung". *XUN Magazin* 28. fantastischegeschichten.de/html/xun_magazin_28.html (24.9.19)

Tausin, Floco (2012c): „Mouches-volantes-Strukturen in den Veden – Teil 1: Schamanismus und Soma". *Ganzheitlich Sehen* 2/12. mouches-volantes.com/news/news(2-12).htm#1 (30.9.19)

Tausin, Floco (2012d): „Mouches-volantes-Strukturen in den Veden – Teil 2: Götter, Sonne, Vimanas, der Kosmos und Atman/Brahman". *Virtuelles Magazin 2000* 65. archiv.vm2000.net/65/FlocoTausin/Mouches-volantes-Strukturen-in-den-Veden-Teil2.html (30.9.19)

Tausin, Floco (2012e): „Mouches-volantes-Strukturen in den Veden – Teil 3: Opfersäule, Weltenbaum, Indras Netz und Nadis als Faden- und Röhrenstrukturen". *Virtuelles Magazin 2000* 66. archiv.vm2000.net/66/FlocoTausin/Mouches-volantes-Strukturen-in-den-Veden-Teil3.html (25.9.19)

Tausin, Floco (2012f): „Mouches volantes-Strukturen in der Industal-Kultur". *Ganzheitlich Sehen* 1. mouches-volantes.com/news/news(1-12).htm#1 (28.8.19)

Tausin, Floco (2012g): „Concentric rainbow circles and eye floaters". *Holistic Vision* 2/12. eye-floaters.info/news/news(2-12).htm#2 (5.10.19)

Tausin, Floco. (2012h): „Mouches-volantes-Strukturen in den Veden – Teil 2: Götter, Sonne, Vimanas, der Kosmos und Atman/Brahman". *Virtuelles Magazin 2000* 65. archiv.vm2000.net/65/FlocoTausin/Mouches-volantes-Strukturen-in-den-Veden-Teil2.html (5.10.19)

Tausin, Floco (2011): „Schamasch, Ischtar und Igigi. Mouches-volantes-Strukturen im antiken Mesopotamien". *Ganzheitlich Sehen* 2/11. mouches-volantes.com/news/news(2-11).htm#1 (28.8.19)

Tausin, Floco (2010a): *Mouches Volantes. Die Leuchtstruktur des Bewusstseins*. Bern: Leuchtstruktur Verlag

Tausin, Floco (2010b): „Lichter in der Anderswelt. Mouches volantes in der darstellenden Kunst moderner Schamanen". *Ganzheitlich Sehen* 2/10. mouches-volantes.com/news/newsjuni2010.htm#1 (28.8.19)

Tausin, Floco (2010c): „Aus der Wissenschaft: Mouches volantes und Makulachagrin". *Ganzheitlich Sehen* 4/2010. mouches-volantes.com/news/newsdezember2010.htm#2 (5.10.19)

Tausin, Floco (2010d): „Fliegenfänger aus dem Osten. Mouches volantes aus der Sicht des Ayurveda und der Traditionellen Chinesischen Medizin". *Ganzheitlich Sehen* 1/10. mouches-volantes.com/news/newsfebruar2010.htm#1 (18.8.19)

Tausin, Floco (2009): „Das Prickeln des Yogi. Die Bedeutung der Gänsehaut in der indischen Tradition". *GreenBalance* 14. greenbalance.at/ausgaben/GreenBalance_14.pdf (20.9.18)

Tausin, Floco (2008a): „Mouches volantes – Glaskörpertrübung oder Nervensystem? Fliegende Mücken als wahrnehmbarer Aspekt des visuellen Nervensystems. Teil 1: Die Grenzen der ophthalmologischen Erklärung der Mouches volantes". *Ganzheitlich Sehen* (4/08). mouches-volantes.com/news/newsdezember2008.htm#1 (28.8.19)

Tausin, Floco (2008b): „Wenn Indra Mouches volantes sieht. Die Gemeinsamkeiten von ‚Indras Netz' und Mouches volantes". *Ganzheitlich Sehen* 2/08. mouches-volantes.com/news/newsjuni2008.htm#1 (11.9.19)

Tausin, Floco (2008c): „Das holografische Weltmodell zwischen Wissenschaft und Sehen". *Virtuelles Magazin 2000* 49. archiv.vm2000.net/49/flocotausin/holografischesmodell.html (28.9.19)

Tausin, Floco (2007): „Mouches volantes und Zen". *Ganzheitlich Sehen* 4/07. mouches-volantes.com/news/newsdezember2007.htm#2 (4.10.19)

Tausin, Floco (2006a): „Mouches volantes und Trance. Ein universelles Phänomen bei erweiterten Bewusstseinszuständen früher und heute". *Jenseits des Irdischen* 3

Tausin, Floco (2006b): „Mouches volantes. Bewegliche Kugeln und Fäden aus der Sicht eines Sehers". *Q'Phase. Realität ... Anders!* 4

Tillemans, Tom J. F. (2016): *How Do Madhyamikas Think? And Other Essays on the Buddhist Philosophy of the Middle*. Somerville: Wisdom Publications

Van Schaik, Sam (2004): *Approaching the Great Perfection. Simultaneous and Gradual Approaches in Dzogchen Practice in Jigme Lingpa's Longchen Nyingtig*. Boston: Wisdom Publications

Wallace, B. Alan (2011): *Stilling the Mind. Shamatha Teachings from Düdjom Lingpa's Vajra Essence*. Boston: Wisdom Publications

Wangu, Madhu Bazaz (2009): *World Religions: Buddhism*. New York: Chelsea House

Wangyal, Tenzin (1993): *Wonders of the Natural Mind. The Essence of Dzogchen in the Native Bon Tradition of Tibet*. Ithaca: Snow Lion Publications

Westerhoff, Jan (2010): *Twelve Examples of Illusion*. New York: Oxford University Press

Williams, Paul (2000): *Buddhist thought. A complete introduction to the Indian tradition*. London/New York: Routledge

Zawischa, Dietrich (n/a): „Zufallsbeobachtungen". *Itp.uni-hannover.de*. itp.uni-hannover.de/fileadmin/arbeitsgruppen/zawischa/static_html/seltsames.html#Gespinst (5.10.19)

Links

Link[1]: de.wikipedia.org/wiki/Datei:Buddhist_sects.png (4.10.19)

Link[2]: commons.wikimedia.org/wiki/File:The_Great_Stupa_at_Sanchi.jpg (4.10.19)

Link[3]: commons.wikimedia.org/wiki/File:007_Open_Chaitya_Hall_(33563413101).jpg (4.10.19)

Link[4]: nongnit.net/teakpanels/wpmwp001/wpmwp007.html (4.10.19)

Link[5]: en.wikipedia.org/wiki/Dharmachakra (4.10.19)

Link[6]: commons.wikimedia.org/wiki/File:Indian_Museum_Sculpture_-_Avalokitesvara,_9c,_Nalanda_(9220726590).jpg (4.10.19)

Link[7]: en.wikipedia.org/wiki/Sanchi_Stupa_No.2 (4.10.19)

Link[8]: de.wikipedia.org/wiki/Bharhut (4.10.19)

Link[9]: en.wikipedia.org/wiki/Cintamani (4.10.19)

Link[10]: williamhenry.net/2017/04/there-is-a-light-being-within (10.3.19)

Link[11]: commons.wikimedia.org/wiki/File:Buddha_in_Sarnath_Museum_(Dhammajak_Mutra).jpg (4.10.19)

Link[12]: de.wikipedia.org/wiki/Ushnisha (4.10.19)

Link[13]:
hermitagemuseum.org/wps/portal/hermitage/digital-collection/06.+Sculpture/
363436 (4.10.19)

Link[14]: palikanon.com/angutt/a10_021_030.html#a_x25

Link[15]: youtube.com/watch?v=5-k9BlDn89o (4.10.19)

Link[16]: library.acropolis.org/images-of-enlightenment-the-buddhist-mandala
(4.10.19)

Link[17]: denkenaanzijn.blogspot.com/2012/02/enso-symbool-van-zen.html
(4.10.19)

Link[18]: palikanon.com/digha/d17.htm

Link[19]: orszagalbum.hu/kep.php?p=96142 (4.10.19)

Link[20]: unbornmind.com/2016/12/11/dharmakaya-cum-vajrakaya (4.10.19)

Link[21]: zen-guide.de/zen/texte/id/285&titel=Tathagatagarbha-Sutra

Link[22]: traditionalartofnepal.com/shop/mandala/five-dhyani-buddha-mandala
(4.10.19)

Link[23]: sutrasmantras.info/sutra22.html

Link[24]: lapislazulitexts.com/tripitaka/T12_0366

Link[25]: buddhistische-gesellschaft-berlin.de/downloads/lotussutrawatson.pdf

Link[26]: kongmu.wordpress.com/2012/03/04/only-a-buddha-together-with-a-
buddha-2 (4.10.19)

Link[27]: web.mit.edu/stclair/www/meditationsutra.html

Link[28]: palikanon.com/digha/d02_3.htm

Link[29]: wanderlust.co.uk/content/things-to-do-in-nepal (4.10.19)

Link[30]: palikanon.com/majjhima/majjhima1.htm

Link[31]: palikanon.com/khuddaka/jataka/j00.htm

Link[32]: holybooks.com/wp-content/uploads/The-Life-of-Buddha-Ebook.pdf

Link[33]: palikanon.com/majjhima/m128n.htm

Link[34]: palikanon.com/digha1/dn33.html

Link[35]: palikanon.com/angutt/a07_058-060.html#a_vii58

Link[36]: palikanon.com/visuddhi/vis08_03a.htm

Link[37]: pinterest.ch/pin/398287160775788071 (31.7.19)

Link[38]: palikanon.com/angutt/a03_093-103.html#a_iii103

Link[39]: palikanon.com/angutt/a01_001-010.html#a_i10

Link[40]: palikanon.com/visuddhi/vis20_07.htm

Link[41]: cronksite.com/wp-content/uploads/2014/02/VasubandhuGC.pdf

Link[42]: hatharaja.blogspot.com/2011/05/advaya-taraka-upanishad.html#more

Link[43]: buddhisttexts.org/uploads/6/3/3/1/6331706/surangama_new_translation.pdf

Link[44]: gettyimages.fi/photos/cherry-blossom-petals-floating-on-water-high-angle-view?sort=mostpopular&mediatype=photography&phrase=cherry blossom petals floating on water high angle view (4.10.19)

Link[45]: en.wikipedia.org/wiki/Rainbow_body (4.10.19)

Link[46]: dzogchenexplorations.blogspot.com/2013/10/three-postures.html?m=1&fbclid=IwAR3AKT-nB-igtfkcOzjF4fTqlVl9XbF-Wdf7x-HVJGZmo3KDFQEQRoai408 (4.10.19)

Link[47]: himalayanart.org/items/77013 (4.10.19)

Über den Autor

Floco Tausin
floco.tausin@mouches-volantes.com

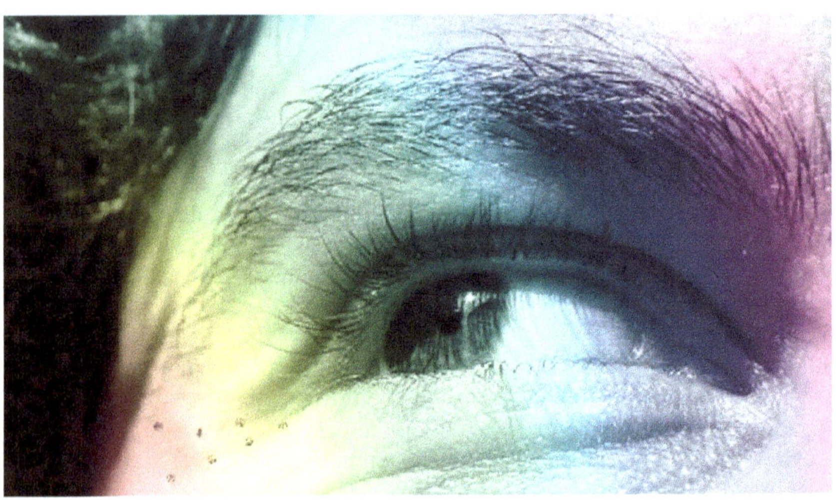

Der Name Floco Tausin ist ein Pseudonym. Der Autor promovierte an der geisteswissenschaftlichen Fakultät der Universität Bern und befasst sich in Theorie und Praxis mit der Erforschung subjektiver visueller Phänomene im Zusammenhang mit veränderten Bewusstseinszuständen und Bewusstseinsentwicklung. 2004 veröffentlichte er die mystische Geschichte „Mouches Volantes" über die Lehre des im Schweizer Emmental lebenden Sehers Nestor und die spirituelle Bedeutung der Mouches volantes.

Angaben zum Buch:

„Mouches Volantes – Die Leuchtstruktur des Bewusstseins", Leuchtstruktur Verlag (Bern) 2010, Paperback, 376 Seiten, Genre: Belletristik/mystische Erzählung.

Bereits den alten Griechen bekannt, von heutigen Augenärzten als harmlose Glaskörpertrübung betrachtet und für viele Betroffene ärgerlich: Mouches volantes, Punkte und Fäden, die in unserem Blickfeld schwimmen und bei hellen Lichtverhältnissen sichtbar werden.

Die Erkenntnis eines im schweizerischen Emmental lebenden Sehers stellt die heutige Ansicht radikal in Frage: Mouches volantes sind erste Teile einer durch unser Bewusstsein gebildeten Leuchtstruktur. Das Eingehen in diese erlaubt uns Menschen, mit dem Bilde eins zu werden.

Mouches volantes: Glaskörpertrübung oder Bewusstseinsstruktur? Eine mystische Geschichte über die nahe (f)liegendste Sache der Welt.